本书受教育部人文社会科学研究青年基金项目“融资约束下科技型初创企业持续成长驱动因素研究”（编号16YJC630043）资助

科技型初创企业持续成长驱动因素研究

霍江林／著

吉林出版集团股份有限公司
全国百佳图书出版单位

图书在版编目（CIP）数据

科技型初创企业持续成长驱动因素研究 / 霍江林著
. -- 长春 : 吉林出版集团股份有限公司, 2021.11
ISBN 978-7-5731-0672-8

Ⅰ. ①科… Ⅱ. ①霍… Ⅲ. ①高技术企业－企业成长
－研究－中国 Ⅳ. ①F279.244.4

中国版本图书馆CIP数据核字(2021)第235883号

KEJIXING CHUCHUANG QIYE CHIXU CHENGZHANG QUDONG YINSU YANJIU
科技型初创企业持续成长驱动因素研究

著　　者　霍江林　　　　　　责任编辑　刘晓敏
出版策划　齐　郁　　　　　　封面设计　雅硕图文

出　　版　吉林出版集团股份有限公司
（长春市福祉大路5788号，邮政编码：130118）
发　　行　吉林出版集团译文图书经营有限公司
（http：//shop34896900.taobao.com）
电　　话　总编办 0431-81629909　营销部 0431-81629880/81629881

印　　刷　长春市华远印务有限公司　　开　　本　787mm × 1092mm　1/16
印　　张　9.75　　　　　　　　　　字　　数　160千
版　　次　2022年6月第1版　　　　　印　　次　2022年6月第1次印刷
书　　号　ISBN 978-7-5731-0672-8　定　　价　68.00元

前　言

党的十九大明确指出“创新作为引领发展的第一动力，是建设现代化经济体系的战略支撑”。近年来，为适应世界经济的发展趋势，提升自主创新能力，实现我国经济的可持续发展，国家对创新研发的支持不断加大，科技型企业已经成为研发创新的主体。科技型企业在成长过程中具有更大的资金需求，面临的融资约束也更为严重，虽然政府、企业等采取各种措施和努力，但科技型企业面临的融资约束短期内难以有效缓解。科技型初创企业由于企业规模小、成立时间短、缺少信贷抵押物、技术创新风险高等，相对于一般科技企业往往面临更严重的融资制约。因此，探寻融资约束下科技型初创企业实现持续成长的关键驱动因素及其作用过程十分必要。

科技型初创企业的发展需要各种资源，企业的融资能力是影响企业成长的一个很重要的因素。低融资约束企业能更容易的获得资金支持，扩大企业规模、进行技术创新，高融资约束企业将很难筹集资金，严重的话难以维持正常的经营活动。由于内部融资简单而且成本较低，成为很多企业的第一选择。但是内部融资金额一般较少，不足以提供足够的资金支持，企业会转向外部融资。由于信息不对称和代理问题的存在，使外部融资成本较高，远大于内部融资成本，二者不能相互替代，融资约束问题就出现了。研究发现科技型初创企业内外部融资成本存在显著差异，较高的外部融资成本使科技型初创企业面临严重的融资约束。调查发现，同样面临融资约束，一部分初创企业未实现发展就退出了，而另一部分初创企业却能实现持续成长，迅速成长壮大起来，融资约束下哪些关键因素驱动了科技型初创企业的持续成长成为理论界和企业界关注的焦点。

本书以面临融资约束的科技型初创企业为研究对象展开研究，与以往研究大多将关注的重点放在融资约束对科技型企业成长的影响上不同，本书将研究重点放在揭示哪些关键因素驱动科技型初创企业实现了持续成长以及这些驱动因素是如何作用的，通过揭示融资约束下科技型初创企业持续成长的驱动因素，并揭示这些因素的作用机理，一方面为政策制定部门更好地把握推动科技型初创企业成长的抓手，另一方面，为科技型初创企业更好地选择更为高效的企业成长路径提供决策支持。为此，本书围绕融资约束下科技型初创企业持续成长驱动因素，在相关理论支撑的基础上，展开了包括基于因子分析的科技型初创企业持续成长评价、融资约束对科技型初创企业持续成长的影响、融资约束下政府补助对企业成长的影响、融资约束中介效应下金融关联对企业成长的影响、科技型初创企业研发投入对企业成长的影响以及融资约束下高管激励对企业研发投资的影响等六个专题的研究，丰富了相关领域的理论研究。

本书的编著受到教育部人文社会科学研究青年基金项目“融资约束下科技型初创企业持续成长驱动因素研究”(编号 16YJC630043)资助，本书由霍江林、刘素荣拟定研究思路和写作提纲并负责定稿，本书由霍江林、刘素荣、魏振香、孙同正、刘昕洋、赵文瑞、李娆等同志共同执笔完成。本书的写作，得到了中国石油大学(华东)经济管理学院领导和同志们的大力支持。在此，谨向他们表示最诚挚的谢意！

由于水平有限，加之科技型初创企业成长过程的复杂性，我们的研究以及本书内容难免存在许多不足和错误，敬请有关领导、专家及读者批评指正！

作者

2021 年 3 月于山东青岛

目　录

第一章 绪 论

1.1 研究背景与意义

1.1.1 研究背景

随着经济的飞速发展,市场竞争越来越激烈,在世界科技革命的不断发展和推动下,国际竞争力更多的集中在科技竞争上面。在科学技术和知识创新领域能够占有优势的国家和地区,其在发展方面就拥有更多的优势和主动权。十九大明确指出“创新作为引领发展的第一动力,是建设现代化经济体系的战略支撑”。近年来,为适应世界经济的发展趋势,提升自主创新能力,实现我国经济的可持续发展,国家对创新研发的支持不断加大。

科技型初创企业是我国实施创新驱动发展战略的主力军,科技型初创企业在成长过程中具有更大的资金需求,但由于信息不对称等原因导致企业面临的融资问题无疑是阻碍企业持续成长的重要原因,虽然政府、企业等采取各种措施和努力,但科技型初创企业面临的融资约束短期内难以有效缓解。调研发现,同样面临融资约束,一些科技型初创企业却能实现持续成长,本研究以面临融资约束而能实现持续成长的科技型初创企业为研究对象,探寻融资约束下这些企业实现持续成长的关键驱动因素及其作用过程,以期进一步打开融资约束环境与科技型初创企业成长之间的过程黑箱。

1.1.2 研究意义

在理论上,以往研究大多将关注的重点放在融资约束对科技型企业成长的影响上,但现实是科技型初创企业的融资约束问题短期内难以有效缓解,因此本书将研究重点放在揭示融资约束下驱动科技型初创企业持续成长的关键因素及其作用机理上,以期能够更好地阐释融资约束下哪些关键因素驱动科技型初创企业实现了持续成长以及这些驱动因素是如何作用的,为进一步打开融资约束下科技型初创企业持续成长的过程黑箱提供理论借鉴,丰富已有相关研究。

在实践上,通过揭示融资约束下科技型初创企业持续成长的驱动因素,并揭示这些因素的作用机理。一方面,有利于政策制定部门更好地把握推动科技型初创企业成长的抓手,提高科技型初创企业扶持政策的针对性;另一方面,有助于科技型初创企业更好地了解融资约束下驱动企业成长的关键动力,选择更为高效的企业成长路径。

1.2 相关概念的界定

1.2.1 企业成长与企业持续成长

(1)企业成长

关于企业成长,国内外的学者纷纷对其进行了定义,亚当. 斯密认为劳动分工和专业化引起的规模经济是影响企业成长的内在动力。同为古典经济学派的马歇尔和穆勒则认为企业成长是企业规模的扩大,并且认为企业只有达到一定的规模之后才能够获利,这种说法确定了企业规模与企业成长之间的关系。在此之后,科斯(1937)提出企业的成长就是企业边界的不断扩大,市场交易费用的节约是企业成长的动力。熊彼特把新组合的实现命名为企业,由于创新的特性,企业成长是突发性的非连续性的创造性毁灭的过程,实现这个过程的是企业家。虽然学者们对于企业成长的界定有所差别,但是普遍认为不论是由于内部因素还是外部因素,企业成长都是企业在市场竞争中不断发展壮大的过程。企业成长可以理解为公司所生产的产品或提供的服务的前景越来越好，经营业绩也在持续攀升，企业在激烈的竞争中不断发展。主要可以表现为公司销售收入的增长、市场份额的扩大、公司提供的产品或服务的质量在不断提升、公司的核心竞争力的加强以及公司的结构和功能与公司的发展及公司所处环境的契合程度越来越高等。虽然企业规模的扩大并不一定与企业的成长密切相关，但是企业的成长具有扩张性的特点，主要表现在企业自身价值的提升、企业规模在一定程度上的不断扩张以及企业的市场占有率的变化等方面。这些特点为变量的选取提供了依据。

(2)企业持续成长

企业持续成长是企业面向未来持续扩张和发展的过程，这一过程包含着规模和数量的增长以及结构和质量的发展，是企业在较长的时期内由小变大、由弱变强的过程。企业持续成长包括两方面的含义，一是企业量变的过程，如营业额的增长、人员的扩张等；二是企业实现质变的过程，包括资源结构的改善、组织创新、业务领域的变化等。企业持续成长的内涵随着时间和市场的变化不断呈现出新的意义，但总的来说，它是指企业在追求长盛不衰的过程中，既要考虑近期利润增加和市场扩大，又要考虑长期持续的盈利增长，以及建立和维持与社会经济发展良好的公共关系，以不断实现企业质量互变、螺旋上升的生命成长过程。

企业持续成长具有以下三个特征：一是持续性，较长的时期具体可以根据行业的平均寿命为标准，企业一切的经营活动都是在企业存续的基础上进行的，一些迅速扩张但是很快销声匿迹的企业，都不具备持续性；二是成长性。有的企业虽然一直在盈利但是不一定在发展；三是变革性，由于经营的不确定性，企业会中途出现利润下降、市场萎缩的情况，只要变革结果有利于企业继续成长，这种暂时退步的情况对于持续成长的企业是正常的。

(3)企业成长绩效

企业成长是一个量变到质变的过程，量变就是企业规模的扩大，表现在人、财、物等方面的数量增加，是企业成长的外在表现；而质变指企业结构和功能的完善，包括商业模式、企业战略在发展过程中的变革等竞争优势。对于高新技术企业来说，除了在商业模式、发展方向等战略性问题发展企业自身的优势外，技术创新是企业最大的核心能力。

企业绩效是指一定期间内的企业经营成果和管理者业绩,依据不同企业的不同经营目标而具有不同的衡量标准,通常可概括为两类:效果和效率。一字之别,相差甚远,企业的经营有效果,可能是企业通过一定的方法达到了预期的销售目标或市场份额,只是表明了实现具体目标的结果,并不考虑因此而付出的成本代价;而经营效率将成本考虑进去,企业以最低的成本实现了预期目标,为企业带来了较高的利润。

与企业绩效评价指标不同,企业成长绩效更多关注于企业未来的发展能力和成长潜力。这实质是一个事物的两个不同方面,企业绩效关注过去一定期间的成果,而企业成长绩效关注未来的绩效成果。但研究企业成长绩效不是空口说凭的,它一定是以过去的成果为依据,进而预测未来的成长情况。

1.2.2 科技型初创企业

科技型初创企业作为科技企业的重要组成部分,在当前的知识经济体系中占据着相当重要的地位,这些企业由于体量小、组织结构灵活、人力资本丰富,通常更具有创新能力且勇于另辟蹊径和冒险,与国家的技术进步和产业升级密切相关。

科技型初创企业最早被学者 Little 定义为,以开发利用发明和技术创新作为基础、面临着大量的技术风险、同时独立经营业务 25 年以内的企业,与此不同的是,一些学者进行了更加广义上的界定,认为科技型初创企业是技术创新的载体,是基于创始人的技术或知识而新创建的独立企业,目的是生产新产品和提供新服务,这些新产品和新服务的生产和提供可以是基于新技术,也可以是对现存产品或服务的改进。

从本书的研究主题出发,从企业成立的时间、企业的技术投入和生产经营的规模三个方面界定科技型初创企业:一是在企业注册时间层面,虽然并没有完全统一,但需要突出“初创”,企业成立时间在 5 年内;二是在技术投入层面:科技人员占公司总数的比例和研究的投入大于 50%;三是在生产经营规模层面:主要从事电子信息、新能源新材料等高新行业。

1.2.3　融资约束

在界定融资约束的概念之前,首先界定内源性融资和外源性融资。内源性融资是指使用企业内部现金流进行融资,主要包括企业的留存收益、风险准备金和计提的折旧等。根据融资优序理论,由于内源性融资成本最低,在融资过程中,企业尽量选用内部性融资。但是内源性融资受到企业的盈利能力和企业规模等因素的影响,这使得企业内源性融资受到限制,进而依赖外源性融资。外源性融资是指企业通过向企业以外的其他组织筹集资金,主要包括直接融资和间接融资,企业发行股票和债券以及企业之间的直接借贷,都属于直接融资,间接融资是通过金融中介机构进行的资金融通方式,包括银行信贷,非银行金融机构信贷,委托贷款和融资租赁等形式。外源性融资具有灵活性、高效性和大量性等特点,但也会受到国家政策、企业产权、企业规模等因素的影响。

Fazarri、邓可斌等学者认为在不完美的资本市场中,由于外部投资者与企业之间的信息不对称和委托代理问题,造成外部投资者不能对企业的质量进行鉴别,就要求一个加高的风险溢价(提供较高的贷款利率或者较低估计股票的价格)进行弥补,这使企业内外融资存在较大差异,即外源性融资成本高于内源性融资成本,迫使企业过度依赖内源融资,而内源融资又有限时,企业不得不放弃某些有价值的投资机会,企业就会面临融资约束问题。

总之,融资约束是指当企业面临投资机会时由于信息不对称和委托代理问题存在导致企业的外源性融资成本高于内源性融资成本,企业投资只能依赖内部资金,而由于内部资金不足使得企业失去投资于盈利项目的机会,从而产生融资约束。

1.3　本书的主要研究工作

围绕融资约束下科技型初创企业持续成长驱动因素,本书的研究工作由8章内容构成,具体内容安排如下:

第一章为绪论,主要介绍了研究的背景与意义,并对企业成长、科技型初创企业、融资约束等概念进行了界定；

第二章为相关理论基础，对企业成长的相关理论、融资约束的相关理论、企业成长绩效评价的相关理论进行了综述，为相关研究的开展奠定了理论基础；

第三章为基于因子分析的科技型初创企业持续成长评价，选取创业板高新技术企业作为科技型初创企业持续成长评价的研究样本，采用因子分析法，从获利能力、成长能力、政府支持力度、创新能力、抗风险水平五个层面构建企业成长绩效评价体系，对样本公司进行总体分组对比和企业纵向对比分析，并提出相应的优化建议；

第四章为融资约束对科技型初创企业持续成长的影响，选取上市时间低于5年的63家科技型上市公司作为融资约束对科技型初创企业持续成长影响研究的样本，搜集2014—2017年的年报数据，实证分析融资约束对科技型上市公司企业成长的影响；

第五章为融资约束下政府补助对企业成长的影响，选取我国中小板上市科技型企业作为融资约束下政府补助对企业成长影响的研究样本，选取2010—2016年共2117个样本数据进行实证分析，从相关性分类计量的视角下探究了政府补助对融资约束企业的成长的影响，并提出调整政府补贴结构、强化会计信息披露质量等政策建议；

第六章为融资约束中介效应下金融关联对企业成长的影响，选取我国2013—2017年符合筛选条件的创业板科技型上市公司作为样本，采用多元线性回归模型，利用选取的中介变量联系金融关联和企业成长，进而确定金融关联对企业成长的影响；

第七章为科技型初创企业研发投入对企业成长的影响，采用创业板科技型上市公司2011—2016年的数据对研发投入对短期及长期的企业成长产生的影响以及高管持股对研发投入与企业长期成长的关系的调节作用进行研究；

第八章为融资约束下高管激励对企业研发投资的影响，将高管激励分为货币薪酬激励和股权激励，并在此基础上考查不同融资约束下两类高管激励对企业R&D行为的影响，并利用2010—2016年中小板上市公司的相关数据进行实证分析。

第二章　相关理论基础

2.1　企业成长的相关理论

由于时代背景的差异，不同学者研究重点的不同，正是从不同的方面对企业成长的动因进行了解释，形成了不同的理论学派。

2.2.1　基于新古典经济学的企业成长理论

新古典经济学从两方面指导企业如何稳健地成长，一是加大生产性劳动投入，二是提高劳动效率。古典经济学的创始人亚当·斯密强调了劳动效率对企业成长的促进作用，基于此，斯密提出观点：企业可以通过分工协作和扩大资本积累提高自身的劳动效率，员工分工协作增加了劳动的单位产出量，而资本积累把企业的资本存量扩大了，相应的劳动数量也会增加，从而使企业规模不断扩大，实现了企业的成长。

马歇尔认同规模经济可促进企业成长，并在此基础新增了外部经济、企业家生命有限性以及垄断现象消失等因素对企业产生的影响。马歇尔强调，外部经济是不可控因素，企业发展到一定的成熟阶段会慢慢衰落，灵活性减弱，竞争力不足，从而使成长的负面效应高于正面效应，导致企业负向成长；其次，企业的发展与管理者的精力和寿命息息相关，管理者的精力是有限的，而市场的更新是无限的，时刻有年轻的对手加入分得市场的一杯羹，从而打破企业的垄断地位。

2.2.2　基于内生经济增长的企业成长理论

古典和新古典经济增长以技术进步作为外生变量，仅考虑外部环境对企业成长的影响，用函数简单地概括了企业复杂的内部制度和组织管理，未消除企业间的差异，难以解释企业的成长。

内生经济增长理论是指不依赖外生的技术进步、外资等外部经济的推动，主要由内生的技术变化、资本积累等内部经济的力量推动经济增长。从企业角度来看，内生经济增长强调企业内部力量的作用，从企业内部的资源和能力进行分析，探讨单个企业的成长情况。对于企业的成长，彭罗斯认为是否有效利用现有资源是一个重要的因素，并根据企业成长问题的系统分析，构建出“企业资源——企业能力——企业成长分析框架”。在企业资源中，人才资源和管理资源被认为是企业成长的重要资源。

随着企业生存环境的不断变化，理论研究也在不断完善，不同的学者对于企业成长问题的切入点也不尽相同，正是这些方方面面的研究不断地完善了理论，使内生经济增长从关注外部因素转变为更注意企业内部因素对企业成长的影响。

2.2　融资约束的相关理论

Modigliani and Miller(1958)认为在完美的资本市场的假设下，任何公司的投资决策独立于其融资决策，公司总能够以与内部资金相同的成本筹集到外部资金，因此不存在融资约束的问题。但是现实资本市场并不是完美的，由于信息不对称和代理问题的存在，企业的外部融资成本会增加，大于内部融资成本，企业就会面临融资约束。

2.2.1　信息不对称理论

在市场经济活动中，每个人对信息的掌握的程度不同。有些人掌握的信息较多，处于优势，有些人掌握信息较少，处于劣势，这就是信息不对称理论。信息不对称理论可以应用到商品交易市场中,卖方对自己产品的优缺点比较了解,知道自己的产品处于哪个定位,但是消费者却很少,在买卖双方的"博弈"中,卖方会在保证一定利润的基础上跟消费者"博弈",消费者由于对产品的真实信息缺乏了解,最终会在这场"博弈"之中以失败告终。由此可以看出,存在信息不对称的主体,会利用自己的信息优势为自己谋福利。

基于对二手车市场的研究,Akerlof(1970)提出信息不对称理论,卖方通过利用买方所无法得到的信息为自己谋取最大的利益。即由于交易双方,其中的一方比起另一方来说,对有关商品往往拥有更多的信息,这种信息掌握程度的差异不可避免的会给信息匮乏的一方带来损失,而使另一方受益。这种信息不对称会造成交易双方利益的失衡,影响资源的配置效率。

从企业的融资角度来看,资金的需求方对本企业的信息掌握程度远高于外部资金的供给方。这些外部资金供给方由于专业水平低或者精力有限抑或是对企业内对未来有重大影响的决策不了解,造成无法获得企业详尽有效的信息,在提供资金时就会在正常的投资报酬率的基础上增加一部分风险溢价作为对这种信息不对称的风险补偿。这种情况则会导致企业融资成本增加,使企业无法获得足够的资金进行投资,或者企业融资成本太大使得投资所获利润过少而放弃投资。于是就产生了无法获得足够资金的数量融资约束和获取资金成本高昂的价格融资约束。

2.2.2 委托代理理论

委托代理理论是通过什么来对融资约束产生作用的呢?主要是因为代理问题中会产生的代理成本因而使得外部融资成本的增加,使其远大于内部融资成本。代理成本主要是由于信息不对称问题的存在,处于信息弱势的一方会努力从另一方获得更多的信息,获取信息的过程就会产生代理成本。

代替问题指的是代理人比委托人享有更多的信息,为了自身利益,代理人做出损害委托人利益的行为。代理问题有两种,一种存在于股东跟经理人之间。在现代企业中,由于公司所有权与控制权的分离,产生了代理问题。一个公司可以有很多股东,但是并不是每个股东都会参与到企业的管理中,他们会委托更加专业的经理人管理公司。股东就是委托人,经理人就是代理人。股东和经理人之间存在利益冲突,因为他们都是以个人利益为主。股东作为企业的所有者,追求的公司的长久发展,实现企业的价值最大化。经理人一般不持有公司的股份或者持股很少,那么公司即使实现了价值最大化,他们也无法分享收益或者收益不足以让他们去为了这个目标奋斗。出于这种考虑,经理人会盲目扩大投资、过度消费,想要工作轻松而且薪资还高。为了防止经理人为了自身利益而去损害股东利益,股东也会对其进行监督,这样就产生了代理成本。

另外一类代理问题是发生在股东与债权人之间。股东为了追求自身利益最大化,会将获得的借款发放股利,或者投资于高风险高收益的项目。但是这样会损害到债权人的利益,投资成功的话,债权人得到的是固定的本金和利息,然而投资失败自己面临的是很有可能无法收回本金的风险。债权人自己也会预料到股东这样的行为,因此会提高借贷成本,比如提高借款利率、增加抵押品。债权人投资有风险,基于自己处于信息弱势,会对公司状况、项目可行性、债务人的决策进行了解,这个过程会产生代理成本。由于以上种种原因股东的外部融资成本会增加,企业受到融资约束。

2.2.3 融资优序理论

Myers 和 Majluf 的研究表明,在完善的资本市场中,信息不对称且须考虑交易成本的基础上,在企业投资时如果需求资金,企业首先考虑的是内源融资,若内部资金不足,再考虑外源融资。而在外部资金中,企业首先考虑的是通过银行借款或者发行低风险的债券的债务融资,然后才是发行股票,企业的融资是有先后顺序的。而这种融资的先后顺序,是企业为了使融资成本最小并且防止企业股权被稀释以及利润被瓜分的理性选择。企业的融资优序理论是建立在信息不对称理论和代理成本的基础之上的。

融资优序理论在发达国家的资本市场中得到了证实。但是在我国资本市场中却存在异常的融资优序,即企业的外源融资优于内源融资,且外源融资中股权融资优于债务融资。首先,这是因为我国的市场经济并不完善,寡头垄断尚未形成,行业壁垒比较薄弱,因此剩余资金的持有者愿意在直接投资没有太大障碍的时候选择以股权投资的形式进入该行业而不是以债权的形式出资收取固定利息。其次我国资本市场不完善,债务融资的方式比较少且门槛较高,又因为投资者更倾向于股权投资而不是债权投资使企业被迫进行股权融资。此外，我国证券市场分红政策的不完善使得股权融资的成本很低，企业也因此更倾向于选择股权融资。种种原因使得我国的资本市场缺乏融资优序理论所需要的市场环境。

2.3　企业成长绩效评价的相关理论

2.3.1　委托代理理论

随着企业的不断发展，所有权和经营权会出现不同程度的分离，因为所有者和经营者对企业的信息掌握程度并不对称，二者存在急需解决的信任危机，基于此情况，所有者为了约束经营者的行为，使二者经营目标一致，形成了一种契约关系，即委托代理理论。

委托代理问题是伴随着委托代理理论的产生而存在的，当委托方和受托方均为经济人且双方获取信息不对称时，会产生委托代理成本。为了避免委托代理问题，同时减少代理成本，提高投资报酬率，为投资者获取更大的利润，委托方需要规范约束受托方的行为，企业绩效评价也就应运而生。通过对经营业绩进行公正的评价，所有者可依据经营者的绩效水平进行适当的奖惩，使所有者和经营者的目标一致。

2.3.2　战略管理理论

安索夫是首位提出战略管理一词的战略学家，认为企业实施绩效评价目的是为了有效地对企业进行管理，从而实现利润最大化，促进企业持续成长。

企业要根据财务指标评价企业的历史绩效，再结合非财务指标判断企业的未来发展情况，综合评价企业整体的经营状况。同时，还应以企业的历史数据为基础，将这些数据通过定量与定性结合分析，预测企业的未来发展状况，将企业绩效评价贯穿于企业战略管理的全过程中，为企业的长久发展打下夯实的基础。因此，需要综合考虑影响绩效水平的各种因素，通过对企业绩效进行评价，比较全面地反映企业绩效的真实水平。

2.3.3　权变理论

权变理论产生于 20 世纪 60 年代,认为企业的经营管理模式要依据具体情况而定,不存在最佳的经营模式。权变理论对企业绩效评价的实施具有指导作用。首先,企业可以结合内部因素和外部环境设计企业绩效评价体系;其次,绩效评价实施过程中,各要素、各步骤可能会随着外部环境的变化而变化。因此,企业应当依据自身实际情况和外部环境构建合适的绩效评价体系,从而保证绩效评价体系的合理与有效。

企业绩效评价伴随着企业的发展而产生的,权变理论为企业绩效评价的健康发展指明了方向,作为管理会计的重要内容,企业绩效评价必须坚定不移的践行权变理念,从而适应公司的未来发展。

2.3.4　利益相关者理论

利益相关者的概念是由学者伊戈尔.安索夫提出的,但是对利益相关者理论进行清晰的界定由美国学者弗里曼完成。弗里曼认为,企业管理者进行经营管理活动是为了合理分配所有相关者的利益。利益相关者对企业进行某种形式的投资且该投资存在风险的所有人,包括所有者、管理者、竞争者、企业职员等等。为实现利益相关者权益最大化的目标,企业需要开展战略发展计划,结合短期效益与长期效益,将不同利益主体的目标杂糅,从而实现企业的价值最大化。

第三章　基于因子分析的科技型初创企业持续成长评价

选取创业板高新技术企业作为科技型初创企业持续成长评价的研究样本，根据我国创业板市场和高新技术企业的现状，并结合高新技术企业特点，以创业板33家高新技术企业为研究样本，采用因子分析法，从获利能力、成长能力、政府支持力度、创新能力、抗风险水平五个层面构建企业成长绩效评价体系，进一步评价不同时期科技型初创企业成长绩效指数的变化态势。对样本公司进行总体分组对比和企业纵向对比分析，并提出相应的优化建议。

3.1　科技型初创企业持续成长绩效评价体系的构建

3.1.1　评价目标与原则

构建科技型初创企业持续成长绩效体系的目的，是为了突破现有研究的局限，更系统全面地考虑多种因素对企业绩效的影响，结合行业特点，使评价体系研究更有具体针对性。科技型初创企业持续成长绩效评价指标的选取和评价体系的构建需要有侧重点的综合考虑，在选取成长绩效评价指标时应遵循以下原则：

科学合理性。指标的相关数据应以真实的数据为依据，在充分考虑科技型初创企业的特征后，力求科学地选取评价指标，从而真实地反映科技型初创企业的成长绩效现状以及未来发展情况。

可操作性。建立指标体系的初衷就是为了能够从定量分析的角度进行研究，选取的指标应可以获取到相关数据，对于无法进行量化的指标，可以用相关性较强的指标进行替代。

可比性。要求选取的指标具有可比性，是为了比较它们之间的差异性，可以有据可依地对目标进行评价。因此，必须保证指标的定义清晰，设计严谨，且统计口径一致。

独立性。为了指标体系具有合理的结构、层次更清晰，应尽量减少指标之间的交叉重复度，但在减少指标相关度的同时，也应注意指标间的逻辑性，尽可能地减少数据的主观性，从而保持评价指标的独立性。

3.1.2　评价指标选取与设计

为研究科技型初创企业绩效的成长情况，根据企业成长、绩效评价的相关理论概述以及我国科技型初创企业的发展现状，结合科技型初创企业的特点，即高投入性、高收益性、高创新性、高成长性、高风险性，从获利能力、成长能力、政府支持力度、创新能力和风险水平五个方面对指标进行选取与设计。

获利能力对应的研究对象是科技型初创企业的高收益性特征，企业进行经营活动的最终目标是获利，通过获利能力的综合得分可以判断科技型初创企业的经济效益情况。选取总资产净利率、成本费用利润率和人力资本回报率三个指标对企业的获利能力进行衡量。总资产净利率反映了企业运用资产的获利水平；成本费用利润率表示企业每耗费一元所得利润越高，获利能力越强。人力资本回报率反映企业可以通过降低销售成本，提高利润率，提高资产利用效率来获取高投资回报率，是综合反映收入和成本因素的关键指标。

成长能力指企业未来的发展水平和扩大生产经营的能力，是企业在复杂环境下不断成长的潜力。公司规模的扩张速度是衡量科技型初创企业成长能力的主要指标，主要表现在资产的增长上，因此，用总资产增长率和净资产增长率来反映企业的扩张能力。不仅要关注资产扩张的规模，更要注意资产的质量以及可持续发展能力，以避免盲目的企业扩张。净利润增长率反映的是企业经营效益的增长情况，该指标数值越大，说明企业的成长能力越强。

政府支持力度指政府对企业的补助力度，科技型初创企业为社会作出的贡献将有效地提高国家的科技研发水平，重视科技研发，提高企业核心竞争力，能为企业在市场竞争中提供有力的资质，因此政府支持力度对于科技型初创企业的成长具有重要的支持保障作用。采用政府补助强度指标进行衡量。

创新能力对应的研究对象是科技型初创企业的两个特性：高投入性和高创新性。根据约瑟夫·熊彼特的现代创新理论及现代创新活动的进程，将技术创新分解为四个不同的阶段，即开发阶段、试验阶段、生产阶段和推广阶段，其中，开发阶段和试验阶段需要研发投入支持，而市场推广阶段则需要营销投入支持。因此，采用研发投入强度、营销投入强度、销售期间费用率等指标进行研究。

抗风险水平对应的研究对象是科技型初创企业的高风险性特征，为反映企业的风险程度，采用综合杠杆系数作为指标，综合杠杆系数是公司财务杠杆系数和经营杠杆系数的乘积，表示销售变动而引起的每股收益的变动幅度。

表 3-1 是依据所选取的指标设计的科技型初创企业成长绩效评价指标。

表 3-1　科技型初创企业成长绩效评价指标

目标层	准则层	指标层	代码
企业成长绩效评价指标	获利能力	总资产净利率=(净利润/平均资产总额)×100%	X_1
		成本费用利润率=(利润总额/成本费用总额)×100%	X_2
		人力资本回报率=(企业净利润/员工薪酬福利总额)×100%	X_3
	成长能力	总资产增长率=(本年总资产增长额/年初资产总额)×100%	X_4
		净资产增长率=(当期净资产变化额/期初净资产)×100%	X_5
		净利润增长率=(本年净利润增长额/上年净利润)×100%	X_6
	政府支持力度	政府补助强度=(政府年度补助总额/营业收入)×100%	X_7
	创新能力	研发投入强度=(研发投入总额/营业收入)×100%	X_8
		销售期间费用率=(期间费用/主营业务收入)×100%	X_9
		营销投入强度=(销售费用/营业收入)×100%	X_{10}
	风险水平	综合杠杆系数=净利润变化率/主营业务收入变化率	X_{11}

3.1.3　评价方法的选取

在研究企业成长时，常用的评价方法有层次分析法、灰色关联度分析法、突变级数法、主成分分析法和因子分析法五种方法。

层次分析法从定性与定量两方面进行分析，易于理解；其缺点是采用主观思想进行分层以及赋予权重，在不同的教育背景下，对于分层以及权重可能会有所不同，从而造成结果失真。

灰色关联度分析法不仅可以降低由于信息不对称而导致的损失，工作量还少；缺点是各指标最优值的确定具有主观性。

突变级数法考虑了各指标的相对重要性，减少了主观因素的影响，但它没有对指标进行赋权处理，忽略了指标之间的相关性。依据独立性原则，指标的选取在减少相关度的同时，也要考虑逻辑性，因此，指标间会存在一定的相关度，这将会影响评价的准确性。

利用主成分分析法提取各个主成分能较好地反映原始变量的大部分信息，将复杂问题简单化，提高了准确性和客观性。但该方法只是进行了降维处理，无法解释原变量之间的关系，也就不能对成长性做出评价结果。

因子分析法涵盖了主成分的所有优点，较好地反映原始变量的大部分信息，将复杂的问题简单化；其次，以主因子特征根贡献率为权重，降低了主观赋权对评价结果的影响，反映了各主因子与指标的现实关系，提高了评价的效用度。最后，因子分析法对成长性排序具有较好的效果，解释了指标对企业成长性的作用大小。

科技型初创企业成长绩效评价方法的选择，不仅要求能够较好的实现公司之间的横向比较，同时还应对企业的成长性具较好的分析解释作用，通过对核心因子的分析比较，更好的引导企业成长性的发展。

综上对各种评价方法的比较分析，结合科技型初创企业成长绩效评价的研究要求，采用因子分析法作为评价方法。

3.1.4 评价结果分析

在评价体系构建之后，将数据代入所构建的方程里，就可以得出企业成长绩效综合得分，依据得分情况，对科技型初创企业成长绩效进行分析。因为研究采用了多年份的企业数据，为了方便分析，先将 3 年的成长绩效得分取其平均值，并按 3 年的成长得分均值对企业进行排名，从整体对企业的成长绩效进行分析，并依据排名情况寻找出影响企业成长绩效的因子。

其次，以 2018 年的成长绩效得分为基数，对排名情况进行分组。其余年份的成长绩效得分排名向 2018 年份的排名看齐，从时间维度对企业进行纵向分析，了解具体企业绩效在 2016—2018 年的成长情况以及高成长绩效组和低成长绩效组的对比分析，通过不同组别的对比分析，研究科技型初创企业成长绩效情况。

3.2　因子分析法在科技型初创企业成长绩效评价中的应用

3.2.1　样本数据来源

本书选取创业板高新技术企业作为科技型初创企业持续成长评价的研究样本，截止到 2018 年 12 月 31 日，我国创业板科技型上市公司已有 767 家。研究对象是我国创业板高新技术企业，因此需要在创业板筛选出高新技术企业，将已被认定高新技术企业资格的上市公司筛选出来，缩小筛选范围。其次，选取的研究年份为 2016—2018 年，那么所选样本在这 3 年应具有高新技术企业资格，但并非所有已被认定为高新技术企业资格的上市公司在研究年限内仍然有效，因此有必要对已筛选出的企业再进行二次筛选，保证最终样本符合条件，才具有说服力和可比性。二次筛选的标准采用国家规定的高新技术企业认定标准，鉴于高新技术企业认定标准的个别条例难以获取信息，本书只以国家规定的几项内容作为高科技企业的认定标准，具体的认定标准不再一一列举。

根据认定标准筛选后，符合条件的企业有 33 家，共 99 个数据。这 33 家企业均是 2015 年 12 月 31 日之前在创业板上市的，已渐渐从创业板初期上市的非理性状态回归到正常的业绩表现状态，能够很好的体现成长能力。在数据选择上，为了更好地反映创业板高新技术企业的成长趋势，选取了 2016—2018 年三年的数据，来源于同花顺数据库。

3.2.2 因子分析过程

(1)数据处理

在数据库获取到相关指标的数据之后,在做因子分析前,需要对数据进行一定的预处理,因为指标的性质与量级存在差异。指标有正指标、逆指标和适度指标三个性质,在表3-1中,所选指标除了销售期间费用率是逆指标外,其余均是正指标,正指标表明指标的数位与创业板科技型上市公司的成长绩效起到促进作用,反之,逆指标起到负向作用。确定指标性质后,将原始数据代入下面公式进行同趋化处理:

$$A_{ij} = \frac{X_{ij} - \min(X_{ij})}{\max(X_{ij}) - \min(X_{ij})}(X_{ij}\text{ 为正指标}) \tag{3-1}$$

$$A_{ij} = \frac{\max(X_{ij}) - X_{ij}}{\max(X_{ij}) - min(X_{ij})}(X_{ij}\text{ 为负指标}) \tag{3-2}$$

同趋化处理后,还需对数据进行标准化处理,消除不同量纲对结果的影响。由于不同观测指标之间具有不同的量纲,而在用因子分析法进行公因子的提取时,不同量纲的评价指标不仅会影响协方差矩阵,也将得到不同的协方差矩阵,进而使公因子的提取存在误差。简化了相关性的计算,达到简化解释的目的,最终使得不同计算标准下指标的比较成为可能,标准化处理使用SPSS软件操作即可完成,无需额外处理。

(2)可行性检验

运用KMO及巴特利特球形检验来说明选取指标做因子分析的适合程度。

表3-2 KMO 和 巴特利特 的检验

取样足够度的 Kaiser-Meyer-Olkin 度量		0.702
巴特利特 的球形度检验	近似卡方	1005.411
	df	55
	Sig.	0.000

其中,KMO值用于检验指标之间的相关性,其取值范围一般 在0和1之间。KMO值越接近1,说明指标之间的相关性越强,越适合做因子分析。kaiser于1974年提出的判断标准为:0.00～0.49,极不适合进行因子分析;0.50～0.

59，不太适合进行因子分析；0.60～0.69，较适合进行因子分析；0.70～0.79，适合进行因子分，0.80～0.89，很适合进行因子分析；0.90～1.00，非常适合进行因子分析。如表 3-2 所示，KMO＝0.702 ＞0.7，适合进行因子分析。

巴特利特球形检验从相关系数矩阵来考虑是否适合进行因子分析。当巴特利特检验的显著性水平足够低时，指标之间的相关系数矩阵不是单位矩阵，则所选取的指标适合进行因子分析。从表 3-2 我们能够得知：巴特利特检验的显著性水平（Sig.）为 0.000＜0.01，相关系数矩阵和单位矩阵存在明显的差异性，因此所选指标适合进行因子分析。

表 3-3　公因子方差

	初始	提取
X_1：总资产净利率[%]	1.000	0.876
X_2：成本费用利润率[%]	1.000	0.911
X_3：人力投入回报率[%]	1.000	0.885
X_4：总资产增长率[%]	1.000	0.966
X_5：净资产增长率[%]	1.000	0.965
X_6：净利润增长率[%]	1.000	0.801
X_7：政府补助强度[%]	1.000	0.819
X_8：研发投入强度[%]	1.000	0.812
X_9：销售期间费用率[%]	1.000	0.936
X_{10}：销售投入强度[%]	1.000	0.941
X_{11}：综合杠杆系数	1.000	0.823

运用因子分析法中的主成分分析法得到变量共同度表。如表 3-3 所示，11 个指标的共性方差都大于 0.8，除了净利润增长率、研发投入强度、综合杠杆系数以及政府补助强度四个指标的共性方差稍低于 0.85，其余指标均大于 0.85，说明公因子可以较好地反映初始变量的信息状况。

（3）提取公因子

公因子的提取没有统一的规则，从统计的标准出发，有两种标准可供检验：KMO 检验标准和碎石图检验标准。本书采用的标准是 KMO 检验法，按照特征值大于 1 的原则，从总方差解释表 3-4 可提取出 4 个主因子，分别为 4.587、2.

228、1.689、1.149，这4个主因子的累计贡献率达到87.757%，足以代表其他因子反映原始数据的信息。

表3-4　解释的总方差

成份	初始特征值			提取平方和载入		
	合计	方差的 %	累积 %	合计	方差的 %	累积 %
1	4.587	41.699	41.699	4.587	41.699	41.699
2	2.228	20.256	61.956	2.228	20.256	61.956
3	1.689	15.355	77.311	1.689	15.355	77.311
4	1.149	10.446	87.757	1.149	10.446	87.757
5	0.442	4.022	91.779			
6	0.372	3.385	95.165			
7	0.190	1.724	96.889			
8	0.152	1.379	98.268			
9	0.082	0.747	99.015			
10	0.067	0.611	99.626			
11	0.041	0.374	100.000			

表3-5　因子成份矩阵

指标	成份			
	1	2	3	4
X_1：总资产净利率[%]	0.892	0.223	−0.070	−0.161
X_2：成本费用利润率[%]	0.904	0.280	−0.094	−0.087
X_3：人力投入回报率[%]	0.917	0.089	−0.107	−0.153
X_4：总资产增长率[%]	0.399	−0.263	0.845	0.154
X_5：净资产增长率[%]	0.450	−0.237	0.833	0.111
X_6：净利润增长率[%]	0.813	0.261	−0.135	0.151
X_7：政府补助强度[%]	−0.135	0.634	0.041	0.631
X_8：研发投入强度[%]	−0.296	0.758	0.121	0.351
X_9：销售期间费用率[%]	0.551	−0.674	−0.328	0.268
X_{10}：销售投入强度[%]	−0.121	0.631	0.315	−0.655
X_{11}：综合杠杆系数	−0.829	−0.268	0.117	−0.110

KMO 检验提取了 4 个公因子，为了公因子的命名，公因子需要用抽象的数值解释。表 3-5 为因子成份矩阵，是公因子命名的主要依据，从表 3-5 我们能够看出，各个公因子在 11 个指标上的载荷值并没有出现明显的两极分化，难以解释各个公因子的含义，公因子命名也就没有办法进行。

为了更方便理解公共因子的意义，对初始因子矩阵按方差最大正交化进行了旋转，虽这 4 个主成分的累积贡献率有一定变化，但对总体变量的解释程度仍达到 87.757%，解释程度相对较高。旋转后的结果如表 3-6 所示。

表 3-6　旋转成份矩阵

指标	成份			
	1	2	3	4
X_1：总资产净利率[%]	0.920	0.111	−0.123	0.052
X_2：成本费用利润率[%]	0.949	0.092	−0.036	0.025
X_3：人力投入回报率[%]	0.906	0.118	−0.218	−0.052
X_4：总资产增长率[%]	0.109	0.974	−0.056	−0.046
X_5：净资产增长率[%]	0.170	0.964	−0.079	−0.014
X_6：净利润增长率[%]	0.328	0.852	0.129	−0.147
X_7：政府补助强度[%]	0.035	−0.042	0.903	−0.011
X_8：研发投入强度[%]	−0.070	−0.094	0.828	0.315
X_9：销售期间费用率[%]	0.333	0.066	−0.403	−0.811
X_{10}：销售投入强度[%]	0.076	−0.011	0.026	0.966
X_{11}：综合杠杆系数	−0.869	−0.086	−0.104	0.112

F_1 公因子在总资产净利率 X_1 、成本费用利润率 X_2 、人力投入回报率 X_3 和综合杠杆系数 X_{11} 这四个指标上的载荷绝对值较大。总资产净利率、成本费用利润率、人力投入回报率这三个指标反映了企业运用资产的获利水平，综合杠杆系数表示销售变动而引起的每股收益的变动幅度，反映企业的风险程度，因此本书将 F_1 命名为获利与风险能力因子。

F_2 公因子在总资产增长率 X_4 、净资产增长率 X_5 和净利润增长率 X_6 有较大的载荷系数，分别为 0.974、0.964 和 0.852，表明该因子主要反映了企业的成长情况，通过扩张能力及企业业务拓展经营趋势，说明了创业板高新技术企业的成长性，因此本书将 F_2 命名为成长能力因子。

F_3 公因子在政府补助强度 X_7 和研发投入强度 X_8 这两个指标上的载荷较高，政府补助强度表示政府对高新技术企业开发科技产品、技术创新的支持力度，研发投入强度表示企业对创新技术的投入力度，这实质是不同主体对创新展开的支持，对于高新技术企业来说，想要持续发展，既离不开政府支持，也需要企业不断地研发出创新性，因此将 F_3 命名为政府支持与创新能力因子。

F_4 公因子在销售期间费用率 X_9 和销售投入强度 X_{10} 上的载荷绝对值较大，反映了企业对商品产业化的销售能力及成本控制能力，企业具备强劲的销售能力，那么市场占有率也会占有很大的比例，在低成本的控制下获取最大的利润，企业的成长性有一定的市场力度提供保障，因此，F_4 命名为销售及成本控制能力因子。

(4)计算综合得分

在构建创业板高新技术企业的成长绩效模型之前，我们先得确定各个公因子的得分系数，运用 SPSS 软件可以得出指标的成份得分系数矩阵，表 3-7 是 4 个公因子的具体得分系数。

表 3-7　成份得分系数矩阵

指标	成份			
	1	2	3	4
X1：　总资产净利率[%]	0.229	−0.030	−0.067	0.106
X2：　成本费用利润率[%]	0.238	−0.037	−0.007	0.071
X3：　人力投入回报率[%]	0.218	−0.033	−0.108	0.056
X4：　总资产增长率[%]	−0.063	0.532	0.048	−0.006
X5：　净资产增长率[%]	−0.045	0.520	0.027	0.023
X6：　净利润增长率[%]	−0.027	0.209	0.133	−0.081
X7：　政府补助强度[%]	0.027	0.041	0.587	−0.192
X8：　研发投入强度[%]	0.019	0.019	0.465	0.033
X9：　销售期间费用率[%]	0.034	−0.030	−0.084	−0.434
X10：　销售投入强度[%]	0.069	−0.004	−0.182	0.634
X11：　综合杠杆系数	−0.214	0.023	−0.111	0.052

通过各个因子得分系数值和原始变量数据值可以综合计算出具体每一个观测值的各因子得分。评价成长绩效的各公因子的得分表达式如下所示：

$$F_1 = 0.229X_1 + 0.238X_2 + 0.218X_3 - 0.063X_4 - 0.045X_5 - 0.027X_6 + 0.027X_7 + 0.019X_8 + 0.034X_9 + 0.069X_{10} - 0.214X_{11} \quad (3\text{-}3)$$

$$F_2 = -0.030X_1 - 0.037X_2 - 0.033X_3 + 0.532X_4 + 0.520X_5 + 0.209X_6 + 0.041X_7 + 0.019X_8 - 0.030X_9 - 0.004X_{10} + 0.023X_{11} \quad (3\text{-}4)$$

$$F_3 = -0.067X_1 - 0.007X_2 - 0.108X_3 + 0.048X_4 + 0.048X_5 + 0.027X_6 + 0.587X_7 + 0.465X_8 - 0.084X_9 - 0.182X_{10} - 0.111X_{11} \quad (3\text{-}5)$$

$$F_4 = 0.106X_1 + 0.071X_2 + 0.056X_3 - 0.006X_4 + 0.023X_5 - 0.081X_6 - 0.192X_7 + 0.033X_8 - 0.434X_9 + 0.634X_{10} + 0.052X_{11} \quad (3\text{-}6)$$

X_1、X_2、X_3、X_4、X_5、X_6、X_7、X_8、X_9、X_{10}、X_{11} 指标的数据为标准化数据，并非最初的原始数据。因子 F_1、F_2、F_3、F_4 的得分越高，说明样本公司的成长性在该因子表现更强。公因子 F_1、F_2、F_3、F_4 的得分结果由 SPSS 软件计算输出，由于篇幅过长，具体得分情况见附录。

以理论为基础，结合分析，用字母 Z 代表创业板科技型上市公司的成长绩效得分，构建我国创业板公司成长绩效评价模型为：

$$Z = \frac{\beta_1 F_1 + \beta_2 F_2 + \beta_3 F_3 + \beta_4 F_4}{\sum_1^4 \beta}(\beta\text{ 为权重}) \quad (3\text{-}7)$$

为了进一步获取各个因子对高新技术企业成长绩效的贡献，通常将各个公因子在旋转后的方差贡献率占 4 个公因子累积方差贡献率的比重作为各个公共因子的权重，因为公因子的方差贡献率能够很好地反映公因子对上市公司成长绩效的信息贡献程度。如下公式：

$$Z = \frac{41.699\% F_1 + 20.256\% F_2 + 15.355\% F_3 + 10.446\% F_4}{87.757\%} \quad (3\text{-}8)$$

将因子得分表中的数据代入构建的成长绩效模型，得到 33 家创业板高新技术企业 2016—2018 年 3 年的综合得分。为了方便分析，将 3 年的成长绩效得分取其平均值，并按 3 年的成长得分均值对企业进行排名。

表 3-8 创业板高新技术样本企业因子排名

股票码	企业名称	Z 得分	排名				
			Z	F1	F2	F3	F4
300124	汇川技术	0.4816	1	2	15	7	20
300039	上海凯宝	0.4799	2	1	24	33	1
300036	超图软件	0.4712	3	14	22	2	6
300352	北信源	0.4493	4	7	19	4	5
300009	安科生物	0.4276	5	5	12	22	3
300007	汉威电子	0.3414	6	21	6	5	11
300161	华中数控	0.2974	7	28	17	1	25
300271	华宇软件	0.2963	8	13	11	3	15
300294	博雅生物	0.2923	9	4	8	23	9
300011	鼎汉技术	0.2830	10	8	4	14	14
300296	利亚德	0.2800	11	18	2	13	12
300248	新开普	0.2473	12	20	10	10	4
300319	麦捷科技	0.2401	13	23	1	17	29
300373	扬杰科技	0.1265	14	6	7	20	27
300269	联建光电	0.0929	15	22	3	26	19
300002	神州泰岳	0.0412	16	10	18	12	17
300035	中科电气	0.0272	17	12	32	9	16
300050	世纪鼎利	0.0048	18	29	14	6	7
300170	汉得信息	−0.0216	19	15	20	11	24
300247	乐金健康	−0.0334	20	26	5	19	8
300041	回天新材	−0.0408	21	17	16	16	13
300342	天银机电	−0.0801	22	3	30	32	28
300019	硅宝科技	−0.0931	23	9	25	27	23
300078	思创医惠	−0.1022	24	16	21	18	22
300034	钢研高纳	−0.1876	25	11	26	24	31
300051	三五互联	−0.1917	26	32	9	21	2

股票码	企业名称	Z 得分	排名				
			Z	F1	F2	F3	F4
300044	赛为智能	－0.2751	27	19	23	30	30
300207	欣旺达	－0.3447	28	24	13	29	32
300093	金刚玻璃	－0.3848	29	27	27	25	21
300307	慈星股份	－0.4213	30	31	33	15	18
300082	奥克股份	－0.4607	31	25	29	28	33
300160	秀强股份	－0.5101	32	30	28	31	26
300029	天龙光电	－1.7328	33	33	31	8	10

3.2.3　结果分析

由于原始数据已经标准化处理，故样本公司的成长绩效得分值 Z 的绝对大小没有意义，只存在着相对大小的关系。Z 值越大，说明样本公司的成长绩效能力相对越好，反之则相对较差。

在 33 家的高新技术企业成长排名中，排名第一的是汇川技术，得分为 0.48，排名倒数第一的是天龙光电，得分为－1.73，第一名和最后一名相差 2.21，由此可见我国创业板高新技术企业的成长绩效存在较大的差异。33 家高新技术企业中，仅有 15 家企业成长绩效得分高于平均水平，其余均低于平均水平，说明我国创业板高新技术企业的成长水平不是很高，需进一步提高发展。

从获利和抗风险能力因子 F_1 来看，其特征根贡献率达到 41.699%，说明企业的获利能力和风险能力对企业未来的成长能力具有很大的影响作用。在成长绩效得分排名前十的企业中，F_1 因子排名在前十名的有 6 家，只有汉威电子和华中数控两家企业的 F_1 排名靠后，分别为第 21 名和第 28 名，表明大多数成长绩效好的企业，其获利能力都很强，抗风险能力也不差，只有汉威电子和华中数控的获利能力很差，风险控制能力也不高。得分排名后十名的企业中，除了钢研高纳的获利能力和抗风险能力较强外，其余企业的 F_1 因子均排在后面，获利能力和抗风险能力极其低。由此可见，企业的获利能力和抗风险能力对于企业的成长能力具有重要作用，企业要想持续稳定的发展，就需要加强自身的获利能力和抵御风险能力。

从成长能力因子 F_2 来看，其对企业成长绩效的权重为 20.256%，仅次于第一大因子，说明企业成长能力的强弱是企业持续发展成长不容忽视的一方面。在高新技术企业成长绩效得分排名中，前十名中仅有三家企业的 F_2 因子排名在前面，其余均排在中等靠后的位置，后十名中也仅有三五互联排在第九名，其余排名及其靠后，由此可看出我国创业板高新技术企业的总体成长水平不高，即便是成长绩效排名在前列的企业，其成长能力也不高，处于中等水平。对于高新技术企业来说，高成长性是企业的一大特征，而此次实证结果显示企业的成长能力不高，显著性不是很明显，其中原因之一可能是成长绩效得分取均值的结果，某一年的低成长值拉低了企业的总体成长能力。

从政府支持与创新能力因子 F_3 分析，其特征根载荷为 15.355%。在成长绩效得分排名前十的企业中，除了上海凯宝、安科生物、博雅生物这三家企业 F_3 因子排名靠后外，其余企业均排名在前列，说明企业的成长离不开政府的支持以及企业自身的创新能力，尤其是高新技术企业，创新能力是企业的核心灵魂，决定着企业的未来发展潜力，而政府支持对企业的成长具有重要的支持保障作用。

从销售及成本控制能力因子 F_4 来看，其特征根贡献率为 10.446%，主要体现了企业的费用管理水平与销售能力对成长绩效的影响。在高新技术企业成长绩效得分排名中，排名前十的大多数企业的销售与成本控制能力比较强，有 5 家企业的 F_4 因子排名在前十名内，其他企业也处于中间及稍后的位置，说明企业的销售与成本控制能力的强弱影响着企业的成长能力，企业可以从这方面加强销售能力的提升，进行严格的成本控制，从而提高企业的成长能力。

从成长绩效得分总体来看，根据表 3-8，我国创业板高新技术企业的成长情况较好的企业，能够名列前茅是由所有因子共同决定的，但是起主要决定作用的只是一两个因子。如排名第一的汇川技术，该企业的获利与抗风险能力、政府支持与创新能力都很强，但成长能力、销售与成本控制能力处于中等能力，如果企业想要获得更高的成长能力，就需要在保持优势能力持续增强的基础上，加强劣势能力的提升。

3.3　样本企业成长绩效对比分析

3.3.1　分组对比分析

为了对比高新技术企业成长绩效情况，以 2018 年成长绩效得分值为对比基数，将选取的 33 家样本分为高成长绩效组与低成长绩效组，通过高、低成长绩效组的对比分析，让高新技术企业清楚地了解高成长绩效组与低成长绩效组的不同之处，从而提出建设性的策略，帮助企业持续地成长。

表 3-9　2016—2018 年高新技术企业成长绩效得分排名

证券代码	企业名称	Z 得分			Z 得分排名		
		2013	2014	2015	2013	2014	2015
300319	麦捷科技	−0.14	−0.20	1.07	21	25	1
300296	利亚德	0.14	0.05	0.65	13	17	2
300294	博雅生物	0.14	0.11	0.63	12	16	3
300011	鼎汉技术	0.08	0.15	0.62	14	15	4
300247	乐金健康	−0.23	−0.30	0.43	25	29	5
300161	华中数控	0.23	0.26	0.41	9	10	6
300007	汉威电子	0.30	0.34	0.39	6	8	7
300124	汇川技术	0.60	0.47	0.38	3	5	8
300039	上海凯宝	0.57	0.49	0.37	4	3	9
300036	超图软件	0.64	0.44	0.33	1	7	10
300271	华宇软件	0.27	0.32	0.30	8	9	11
300009	安科生物	0.52	0.48	0.28	5	4	12
300352	北信源	0.61	0.50	0.24	2	2	13
300269	联建光电	−0.42	0.58	0.11	29	1	14
300248	新开普	0.28	0.44	0.02	7	6	15
300041	回天新材	−0.09	−0.05	0.02	19	21	16

证券代码	企业名称	Z 得分			Z 得分排名		
		2013	2014	2015	2013	2014	2015
300170	汉得信息	−0.04	−0.02	−0.01	16	20	17
300050	世纪鼎利	−0.15	0.19	−0.03	22	13	18
300373	扬杰科技	0.19	0.24	−0.04	10	11	19
300342	天银机电	−0.05	−0.14	−0.05	17	23	20
300019	硅宝科技	−0.10	−0.09	−0.08	20	22	21
300078	思创医惠	−0.19	0.04	−0.16	23	18	22
300035	中科电气	0.03	0.21	−0.17	15	12	23
300044	赛为智能	−0.40	−0.24	−0.18	28	27	24
300034	钢研高纳	−0.21	−0.15	−0.20	24	24	25
300002	神州泰岳	0.17	0.16	−0.21	11	14	26
300307	慈星股份	−0.24	−0.70	−0.33	26	33	27
300093	金刚玻璃	−0.43	−0.38	−0.34	31	31	28
300207	欣旺达	−0.42	−0.26	−0.35	30	28	29
300160	秀强股份	−0.70	−0.47	−0.36	33	32	30
300051	三五互联	−0.06	0.00	−0.51	18	19	31
300082	奥克股份	−0.38	−0.34	−0.67	27	30	32
300029	天龙光电	−0.57	−0.23	−4.40	32	26	33

利用数据进行分组，将 33 家样本公司的成长绩效得分值做成数据频率直方图，组距取为 0.4，如图 3-1 所示。

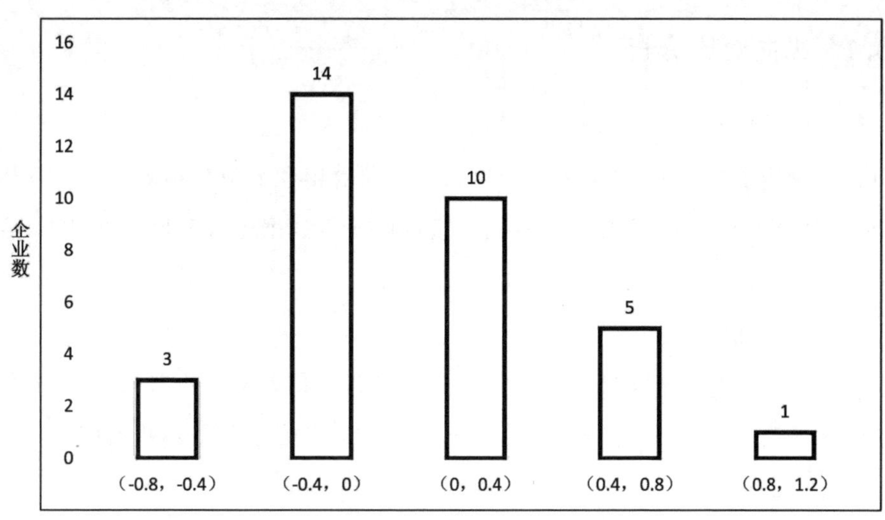

图 3-1　创业板高新技术企业成长绩效得分值直方图

由图 3-1 可知，该直方图为正常型直方图，具有一个波峰，本书将 0 视为基础值，并将其作为样本公司分组的分界线，其中大于等于零的非负值为高成长能力组、小于零的负数值为低成长能力组，高组、低组的样本数分别为 16 家和 17 家。各个主因子在两个组别中的平均值如表 3-10 所示。

表 3-10　主因子贡献率平均值明细表

组别	Z	F_1	F_2	F_3	F_4
高成长绩效组	0.390	0.108	1.106	0.262	0.316
低成长绩效组	−0.470	−0.543	−0.464	−0.411	−0.316

根据表 3-10 的数据，高成长绩效组的各项指标值均为正值，而低成长绩效组的指标值为负值，两组企业的成长性差异较大，高成长绩效组的成长性明显优于低成长绩效组的成长性。尤其是主因子 F_2 两极分化较严重，高成长绩效组的 F_2 值高达 1.106，而低成长绩效组的 F_2 值为−0.464，二者相差 1.570。公因子 F_2 表示企业未来的成长能力，高成长绩效组在 F_2 具有高值，说明企业的成长能力强，能够可持续发展并为企业带来高利润率，反之，低成长绩效组的成长能力比较弱。

3.3.2 纵向对比分析

前面以最新的年份数据对我国创业板高新技术企业的成长情况进行排名，并分析了总体成长情况，接下来分别对高成长绩效组和低成长绩效组进行具体分析，以每家企业 2016—2018 年的成长绩效得分值数据进行对比，从时间维度纵向分析企业在这三年间的成长差异。

(1)高成长能力组

图 3-2 是高成长绩效组 2016—2018 年综合得分值的对比折线图，图中白色柱体表示与 2016 到 2018 年间，企业存在正向成长，黑色柱体表示负向成长。

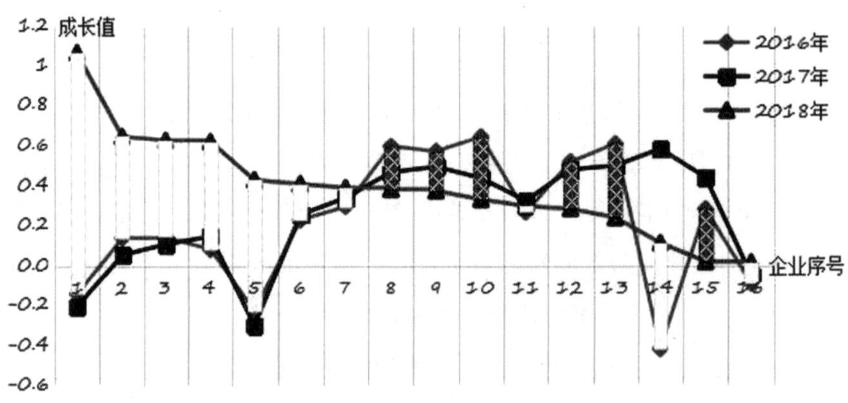

图 3-2 2016—2018 年高成长绩效组得分值对比图

根据图 3-2 中信息，我们可以清楚地看到高成长绩效组 2016 年和 2017 年的得分趋势基本一致，各家企业 2016 年和 2017 年的成长能力差异很小，除了 2018 年排名在第 14 名的联建光电变动很大，其余企业变动情况很小或不明显。联建光电的成长情况在这三年间变动幅度是较大的，2016 年的成长得分值为负值，当年排名在第 29 名，属于低成长绩效组，2017 年一下子蹿升到高成长绩效组第一名，成长异常迅速，2018 年又降到了当年排名的第 14 名，因此该企业的成长能力不稳定，忽大忽小的状态需要调整，但总体来说，该企业的成长能力有所提升，从低成长绩效组发展到了高成长绩效组。

2018 年的成长趋势基本与 2016、2017 年的趋势相反，2018 年排名前五名的麦捷科技、利亚德、博雅生物、鼎汉技术、乐金健康在 2016 年和 2017 年的成长状态不佳，除了麦捷科技和乐金健康处于低成长绩效组，其余三家企业虽在高成长绩效组，但也只能排在高成长绩效组的尾端，这五家企业从成长欠佳的状态迅速发展成为最佳，说明在 2018 年企业有了很大的成长。有成长就有跌落，2018 年排名靠后的汇川技术、上海凯宝、超图软件、安科生物、北信源、新开普均是逐年递减，虽仍具有较强的成长能力，但从企业的纵向角度来看，如果企业不采取措施维持现状并提升，其成长能力是否会持续下降以及造成企业的成长能力持续下降的原因是什么？这是需要企业去关注并反思的。在高成长绩效组的所有企业里，华中数控、汉威电子、华宇软件这三家企业是最稳定的，它们的成长能力虽然不是最高的，但却是在逐年上升，没有其他企业的大起大落，而是稳步成长。

(3)低成长能力组

图 3-3 是低成长绩效组 2016－2018 年综合得分值的对比折线图，低成长绩效组的企业纵向对比情况相对比较简单，没有高成长绩效组的情况复杂，低成长绩效组 2016－2018 年三年的成长趋势基本一致，从纵向对比情况来看，各企业的成长能力变化不大，基本均在区间「0，－0.5」范围内变动。在低成长能力组的所有企业里，汉得信息、天银机电、硅宝科技、钢研高纳、金刚玻璃、欣旺达这 6 家企业的成长能力处于停滞的状态，成长能力没有一点点变化，对于高新技术企业来说，创新是企业发展的动力，说明这些企业经过几年的发展，没有不断创新或形成新的竞争优势以使自己在复杂的市场中成长。图 3-3 中最突出的莫过于排名在第 33 名的天龙光电，该企业 2016 年和 2017 年的成长能力有较小的变动，与 2016 年相比，2017 年的成长能力还上涨了 60％，2018 年却急速大降落，成长绩效得分值降低至－4.40，是 2017 年的 19 倍。

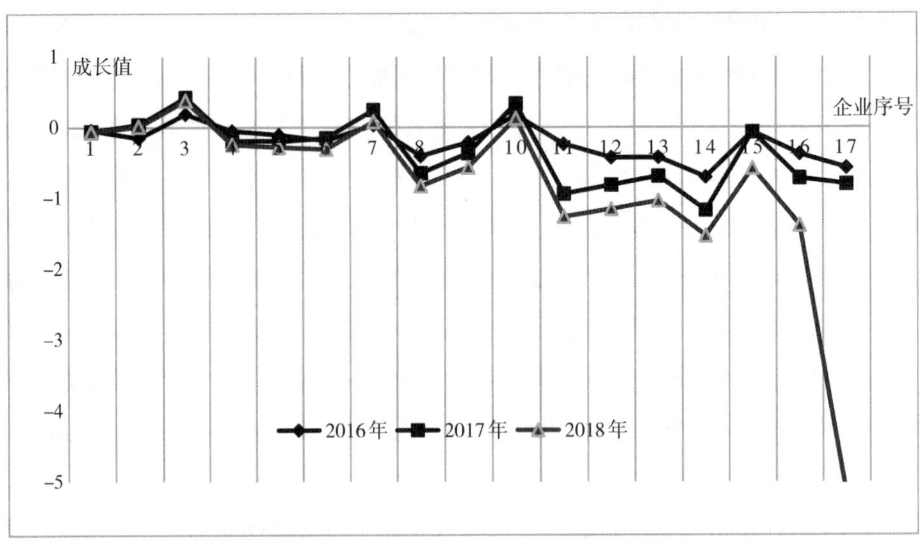

图 3-3 2016—2018 年低成长绩效组得分值对比图

3.4 结论及政策建议

3.4.1 主要结论

在理论分析的基础上，选取创业板高新技术企业作为科技型初创企业持续成长评价的研究样本，结合我国创业板高新技术企业的特征和现状分析，选取11个指标构建我国高新技术企业的成长绩效评价指标体系，通过评价方法的比较，选取因子分析法对33家样本公司2016—2018年三年的数据进行实证分析，得到高新技术企业的成长综合得分，根据得分排名对企业进行总体分组对比和企业纵向对比分析，得出以下结论：

其一，在区域分布上，创业板高新技术企业主要分布于经济条件相对发达的东部地区，集中度高；在行业分布上，涉及到多种行业，但是绝大部分公司是制造业和信息技术业，行业分布不均。

其二，本书提取了获利与风险能力因子、成长能力因子、政府支持与创新能力因子、销售及成本控制能力因子，这四个因子对总体变量的解释程度达到87.

757%,能够较好地对创业板高新技术企业的成长绩效能力进行解释。根据得分均值前十名排名情况,获利与风险能力因子、政府支持与创新能力因子、销售及成本控制能力因子企业的成长具有重要作用,成长能力因子对企业的成长影响较小。

其三,我国创业板高新技术企业整体成长状况不佳,成长得分大于0的有18家,仅占样本总数的54.54%,且成长能力因子得分低,对企业的成长没有起到明显影响,表明目前我国创业板高科技企业成长能力有待加强。

其四,我国创业板高新技术企业的成长能力存在较大差异,高成长绩效组和低成长绩效组的成长得分相差0.86,主要原因是高成长绩效组的成长能力因子得分值高,远远高于低成长能力组。

其五,高成长绩效组企业的成长能力纵向变化明显,高成长绩效组企业的成长能力停滞不前,高成长绩效组排名前七名企业,2016年到2018年的成长能力得到很大地提升,三年的快速成长使企业的综合能力得到加强。

3.4.2 政策建议

(1)加大科研投入,提高企业创新能力

作为高科技企业,是否具有较高的研发能力是衡量企业是否具有竞争力的一个重要表现。创新是企业不断成长的动力,政府支持是企业发展的支持保障。企业通过生产难以模仿的产品,不仅能保持市场领先地位,而且能够获得高额利润,因此,高科技企业要保持核心竞争力,就必须增强企业的研发能力。根据本书的实证结果分析,政府支持与创新能力因子得分值大于0的企业仅占到样本公司的33.33%,表明创业板高新技术企业在政府支持和创新能力上还有很大的提升空间。因此,政府应从政策上大力引导和鼓励企业自主创新,提高产品科技附加值。高新技术企业需要增加研发投入,加大产品的技术开发力度,注重人才和技术的引进与再开发,将科研成果转化为生产力,通过不断的技术创新来强化企业的整体创新能力,并以此促进自身成长能力的提升。

(2)提高销售能力,控制成本费用

企业投入资金和人力进行研发活动,只能进行价值创造,企业需要开展营销活动向市场传递成果价值。适度的市场营销投入是提高企业盈利能力和成长能力的方法和途径，市场营销活动通过向消费者传递和展示产品优势和特征、刺激消费者潜在需求、树立品牌形象等方式来提高企业销售收入。企业在经营过程中发生的成本费用降低了利润，由于成本费用包含销售费用，销售费用又无法大幅减少，企业只能在财务费用和管理费用方面进行控制。根据实证分析，高新技术企业的销售及成本控制能力因子的贡献率为10.446%，表明销售及成本控制能力因子对企业的成长能力具有一定的影响作用。其次，销售及成本控制能力因子得分值大于0的高新技术企业所占比值只有30.30%，2016－2018年三年间，高新技术企业的销售及成本控制能力保持不变，没有很大的提升，说明该因子对高新技术企业的影响力还稍低，具有很大的提升空间，企业可以从这方面入手加强销售能力的提升，进行严格的成本控制，从而提高销售收入和利润，使企业不断成长。

(3)保持稳定的成长速度

根据对企业的纵向对比和实证结果分析，部分企业的成长速度很快，且成长能力因子得分值大于0的高新技术企业所占比值只有39.40%。2016－2018年，成长能力因子得分值大于0的企业数由5家增加到10家，因此，虽然高新技术企业总体成长情况不佳，但是一直在不断地成长。这离不开政府对高新技术企业的大力支持，但政策是可变的，对企业的发展只能起到一时的推动作用，创业板高科技企业要想获得长远而稳定的成长，在保持良好的增长速度的同时，要注意发展成长的可持续性和稳定性，更多地依靠内生因素、树立企业品牌等来推动企业持续稳定发展。

第四章　融资约束对科技型初创企业持续成长的影响

选取上市时间低于 5 年的 63 家科技型上市公司作为融资约束对科技型初创企业持续成长影响研究的样本，搜集 2014－2017 年的年报数据，采用因子分析法从偿债能力、盈利能力、运营能力和发展能力四个维度选取 11 个指标计算出成长性综合指数，以此为被解释变量，以融资约束为解释变量，构建回归模型，实证分析融资约束对科技型上市公司企业成长的影响。实证结果表明融资约束不利于企业成长，融资约束主要通过影响企业的运营能力来影响企业成长。融资约束对企业偿债能力和发展能力没有影响，与企业盈利能力正相关，与企业运营能力负相关。

4.1　理论分析与研究假设

4.1.1　融资约束对企业成长的影响分析

从研究融资约束与企业成长的文献中，可以看出融资能力作为一项重要的资源，对于企业的成长至关重要。科技型上市公司作为我国的战略性新兴产业，其发展需要以资金为基础。在企业内部进行融资往往不能不能满足他们的资金需求，所以企业会去外部进行融资。外部融资可以分成股权融资和债务融资，相对而言股权融资要满足的条件比较苛刻，企业一般会寻求债务融资。债务融资指的是企业以出售债券、票据的方式进行资金的筹集。处于信息弱势的债权人向企业借出资金，企业保证到期还本付息。但是因为信息不对称以及代理问题的存在，债权人对企业的经营状况、资信状况等并不是很了解，也担心企业将借款投资于高风险的项目，自己的借款很有可能无法取回，在进行借贷时会要求较高的利率或者更多的抵押品，因为外部融资成本的大大增加，企业面临融资约束问题。

当企业存在融资约束问题时，很有可能因为较高的成本放弃外部融资。由于缺乏资金，企业很有可能错失掉一些很好的投资机会，甚至不能维持正常经营活动，很有可能面临倒闭的风险。不仅如此，融资约束还会影响企业规模的扩张、创新以及技术的提升等等，尤其是对发展尚不成熟的科技型上市公司而言，融资约束会大大限制企业的成长。

较小的融资约束可以促进企业采取债务融资，债务融资要求企业到期还本付息，这样在一定程度上可以减少管理层自由使用的资金，在一定程度上起到了制约管理层的效果，这样可以是有利于企业的发展。但是一旦融资约束程度过高，企业就很难获得足够的借款，债务融资对于企业成长的积极效用就会失去。根据以上分析，提出假设：

H_1：融资约束与科技型上市公司企业成长显著负相关。

4.1.2 融资约束对企业成长驱动因子的影响分析

本书通过因子分析法从偿债、盈利、运营和发展四个方面来衡量企业成长，融资约束对这四个方面的影响是不确定的。偿债能力指的是企业偿还债务的能力，融资约束能够影响企业获得资金的情况，缓解融资约束可以增强企业偿还债务的能力，企业的偿债能力不仅影响企业的日常经营更会影响企业的信用水平。基于以上分析，提出假设：

H_{2a}：融资约束主要通过影响企业偿债能力进而影响企业成长。

盈利能力指的是企业获取利润的能力。融资约束可以影响企业资金获得的情况，企业运用资金进行规模的扩大、进行投资才有可能获取利润。企业成长量的表现上就包括收益的增加。基于以上分析，提出假设：

H_{2b}：融资约束主要通过影响企业盈利能力进而影响企业成长。

运营能力指的是企业资金运营周转的能力，融资约束直接影响的是企业获得资金的情况。融资约束程度低的企业更容易获得资金支持，企业才能够运用资金更好地经运营作，才能更好地成长。融资约束程度高的企业获得资金困难或者根本不能从外部借来资金，又谈何运用资金来赚取利润呢。基于以上分析，提出假设：

H_{2c}：融资约束主要通过影响企业运营能力进而影响企业成长。

发展能力指的是企业能够扩大规模的潜在能力，又被称为成长能力。企业要扩大规模需要资金支持，企业能否获取外部融资或者获取成本的高低取决于企业的融资约束程度。一般来说融资约束程度低的企业具有更大的发展潜力，有资金支持扩大规模、投资有前景的项目，能够更好地成长。基于以上分析，提出假设：

H_{2d}：融资约束主要通过影响企业发展能力进而影响企业成长。

4.2 数据来源与模型构建

4.2.1 样本选取与数据来源

本书选取上市时间低于5年的63家科技型上市公司作为融资约束对科技型初创企业持续成长影响研究的样本，搜集2014—2017年的年报数据。所有数据均来自同花顺 iFinD 披露的上市公司的公司资料、财务数据、年度报告以及财务数据分析等并选取了样本企业与融资约束、企业成长相关的数据。并对样本数据进行了如下筛选：(1)剔除数据缺失并且通过其他渠道无法获取或计算出研究数据的样本；(2)剔除 ST、*ST 等已经被特殊处理的公司，这些公司的数据异常，若不剔除对最终的实证结果造成影响。

4.2.2 变量选取与界定

(1)被解释变量

研究的被解释变量是企业成长，用符号 Growth 来表示，对于企业具体方面的成长衡量，用构成企业成长的四个因子来表示，用 G1、G2、G3、G4 来表示。

企业成长涵盖的范围很广，对其衡量方法也是多种多样。总的来说主要有两种,单一指标与综合指标。单一指标有净利润增长率、托宾 Q 值、主营业务收入增长率、总资产净利润率等等,综合指标的选取需要用到灰色关联度分析法、层次分析法、因子分析法等来构建一个能够全面衡量企业成长的综合指标。

本书选择综合指标来衡量企业成长,这样会更加全面、充分地反映企业成长。由于有些方法存在主观因素影响或者计算比较复杂,所以选择很多人经常使用的因子分析法。用因子分析法选取 11 个指标从盈利、偿债、运营、发展四个方面来衡量企业成长。

表 4-1　成长性指标变量表

符号	变量名称	变量说明
X1	营业利润率	营业利润/营业收入
X2	净资产收益率	净利润/股东权益平均余额
X3	总资产净利润率	净利润/总资产平均余额
X4	流动比率	流动资产/流动负债
X5	速动比率	(流动资产－存货)/流动负债
X6	资产负载率	负债合计/资产总计
X7	流动资产增长率	营业收入/流动资产平均占用额
X8	应收账款周转率	营业收入/应收账款平均占用额
X9	所有者权益比率	股东权益合计/资产总额
X10	总资产增长率	本年总资产增长额/期初资产总计
X11	营业收入增长率	营业收入本年增长额/营业收入上年总额

(2)解释变量

本书的解释变量为融资约束,用符号 FC 表示。

目前用来衡量融资约束的指标多种多样,有单变量衡量指标和多变量衡量指标。单变量衡量指标有股利支付率、资产负载率、资产规模、债券及商业票据评级等,多变量指标则有 KZ 指数、WW 指数、现金－现金流敏感度法等。

为了避免单一指标的片面性,本书选择多变量指标 SA 指数。SA 指数计算简便,只用到了企业规模和企业年龄两个变量来构建表达式,相比于其他用到众多财务指标来构建的多变量指标,SA 指数计算更加简便。它还有一个很大的优点就是选用了内生性较弱的企业规模和年龄,避免了内生性变量的影响。

根据 Hadlock 和 Pierce(2010)的研究结果,SA 指数数值越大,说明企业面临的融资约束问题就越严重,融资约束程度越高。SA 指数的具体表达式是:

$$SA = -0.737\ln Size + 0.043(\ln Size)^2 - 0.040Age \quad (4-1)$$

式中:Size 表示企业的规模,用企业资产总额衡量;Age 表示企业成立的年龄,用统计截止日减去公司成立日所得年数来衡量。

(3)控制变量

企业成长过程中会受到很多因素的影响,本书在借鉴前人研究的基础上设置了三个控制变量,分别是独董占比(Indr)、公司规模(SIZE)、和股权集中度(Shareholder)。独董占比用独立董事占董事会人数来表示,独立董事能够比较客观的监督经理层,维护中小股东的利益。而且担任独立董事的大多为社会名流,比如各行业的专家、商业成功人士,他们学识渊博、经验丰富可以起到咨询的作用,会对企业成长产生影响。公司规模用企业总资产的自然对数来表示,一般认为规模较大的公司发展相对比较成熟,也就是说规模越大,它的成长性就越低。股权集中度用前三大股东持股比例来表示。股权集中的公司,股东的利益与公司的利益更加密切,股东的目标更加一致,更有利于公司的管理。但是股权过于集中的时候,大股东会将个人利益置于公司利益之上,公司的成长就会受到影响。

研究所用到的变量如表 4-2 所示。

表 4-2　变量选取汇总表

变量类型	变量名称	变量符号	具体含义
被解释变量	企业成长	Growth	成长性得分
	企业成长具体方面	G1	偿债方面
		G2	盈利方面
		G3	运营方面
		G4	发展方面
解释变量	融资约束	FC	SA 指数
控制变量	独董占比	Indr	独董人数/董事会人数
	公司规模	SIZE	企业总资产的自然对数
	股权集中度	Shareholder	前三大股东的持股比例

4.2.3 模型构建

为了研究融资约束对企业成长的影响机制，从融资约束对企业整体成长和具体方面成长这两个方面入手构建多元回归模型。模型(1)用来检验融资约束对企业整体成长的影响，模型(2)、(3)、(4)和(5)用来检验融资约束对企业具体方面的影响。

模型(1)

$$Growth = \alpha_0 + \alpha_1 FC + \alpha_2 Indr + \alpha_3 SIZE + \alpha_4 Shareholder + \varepsilon \quad (4-2)$$

该模型中 α_1、α_2、α_3、α_4 分别为融资约束、独董占比、企业规模以及股权集中度的回归系数，此模型主要检验融资约束对企业成长的影响，其余变量均为控制变量。

模型(2)

$$G_1 = \beta_0 + \beta_1 FC + \beta_2 Indr + \beta_3 SIZE + \beta_4 Shareholder + \varepsilon \quad (4-3)$$

该模型中 β_1、β_2、β_3、β_4 分别为融资约束、独董占比、企业规模以及股权集中度的回归系数，此模型主要检验融资约束对企业成长偿债方面的影响，其余变量均为控制变量。

模型(3)

$$G_2 = \gamma_0 + \gamma_1 FC + \gamma_2 Indr + \gamma_3 SIZE + \gamma_4 Shareholder + \varepsilon \quad (4-4)$$

该模型中 γ_1、γ_2、γ_3、γ_4 分别为融资约束、独董占比、企业规模以及股权集中度的回归系数，此模型主要检验融资约束对企业成长盈利方面的影响，其余变量均为控制变量。

模型(4)

$$G_3 = \omega_0 + \omega_1 FC + \omega_2 Indr + \omega_3 SIZE + \omega_4 Shareholder + \varepsilon \quad (4-5)$$

该模型中 ω_1、ω_2、ω_3、ω_4 分别为融资约束、独董占比、企业规模以及股权集中度的回归系数，此模型主要检验融资约束对企业成长运营方面的影响，其余变量均为控制变量。

模型(5)

$$G_4 = \tau_0 + \tau_1 FC + \tau_2 Indr + \tau_3 SIZE + \tau_4 Shareholder + \varepsilon \quad (4-6)$$

该模型中 τ_1、τ_2、τ_3、τ_4 分别为融资约束、独董占比、企业规模以及股权集中度的回归系数，此模型主要检验融资约束对企业成长发展方面的影响，其余变量均为控制变量。

4.3　实证过程与结果分析

本节主要阐述说明融资约束对科技型上市公司企业成长的实证研究过程以及最终的结果分析。首先做成长性的因子分析法，接着对样本做一个描述性统计，这样可以对样本有更加清晰的认识，然后对各变量之间的相关性进行分析，接着针对提出的假设进行多元线性回归，最后分析结果并给科技型上市公司企业成长方面提出对策建议。

4.3.1　企业成长的因子分析

对选取的 11 个变量运用 SPSS 24 软件进行因子分析。因子分析就是用少数几个因子描述多个变量之间的关系，把相关性比较紧密的变量归为一类，这样每一类变量就成了一个因子。我们可以用少量几个因子反映原有数据的绝大部分信息，相当于把变量浓缩了。

(1)5.1.1 KMO 和 巴特利特 球形检验

采用 KMO 和 巴特利特 球形检验方法来分析原有变量之间是否存在一定的线性关系，是否适合采用因子分析提取因子。同时，由于数据中存在缺失值，采取均值代替法进行处理。

表 4-3　KMO 和巴特利特检验

KMO 取样适切性量数		.628
巴特利特球形度检验	近似卡方	3548.992
	自由度	55
	显著性	.000

由表 4-3 可知，KMO 统计量为 0.628，大于 0.5，同时巴特利特球度检验统计量为 3548.992，检验的 P 值接近 0，表明选取的 11 个变量适合进行因子分析。

(2)提取公因子

采用主成分分析法来提取公因子，得到各因子的特征值和方差贡献率，如表4-4所示。从中可以看出，前四个因子的特征值都很高大于1，对解释原有变量的贡献很大，它们的累计方差贡献率达81.846％，说明这四个公因子能够解释原有变量的绝大多数信息，能够很好的反映科技型上市公司的成长性。

表4-4　总方差解释

成分	初始特征值			提取载荷平方和			旋转载荷平方和		
	总计	方差百分比	累积%	总计	方差百分比	累积%	总计	方差百分比	累积%
1	3.809	34.631	34.631	3.809	34.631	34.631	3.250	29.549	29.549
2	2.150	19.546	54.176	2.150	19.546	54.176	2.550	23.182	52.731
3	1.704	15.487	69.663	1.704	15.487	69.663	1.715	15.589	68.320
4	1.340	12.183	81.846	1.340	12.183	81.846	1.488	13.526	81.846
5	0.695	6.318	88.164						
6	0.570	5.178	93.343						
7	0.435	3.955	97.298						
8	0.243	2.205	99.503						
9	0.038	0.347	99.849						
10	0.016	0.142	99.991						
11	0.001	0.009	100.000						

从表4-4可以看出，第一个因子的特征值很高，对解释原有变量的贡献最大。第四个因子以后的特征值都小于1，对解释原有变量的贡献很小，说明提取四个因子是合适的。

(3)因子的命名解释

这里采用方差最大法对因子载荷矩阵实施正交旋转以使因子具有命名解释性。结果如表4-5所示

表 4-5　旋转后的成分矩阵

	成分			
	1	2	3	4
流动比率	0.934	−0.017	−0.096	0.039
速动比率	0.911	−0.026	−0.062	0.042
资产负债率	−0.856	−0.295	−0.033	0.007
所有者权益比率	0.854	0.304	0.035	−0.005
净资产收益率	0.093	0.950	−0.029	−0.003
总资产净利润率	0.173	0.947	0.013	0.023
营业利润率	0.109	0.735	0.079	0.244
应收账款周转率	0.081	−0.029	0.925	−0.017
流动资产周转率	−0.163	0.082	0.914	−0.037
营业收入增长率	−0.007	0.030	−0.016	0.864
总资产增长率	0.046	0.148	−0.036	0.822

因子 F1 的方差贡献率为 29.549%。与旋转前相比，因子含义较为清晰。由表 4-5 可知，第一主成分 F1 在流动比率、速动比率、资产负债率上有较高的因子载荷，主要解释了这几个变量，这些指标反映了企业的偿债能力，这里把它定义为偿债能力因子。

因子 F2 的方差贡献率为 23.182%，第二主成分 F2 在净资产收益率、总资产净利润、营业利润率上有较高的因子载荷，这些指标反映了企业的盈利能力，这里把它定义为盈利能力因子。

因子 F3 的方差贡献率为 15.589%，在应收账款周转率、流动资产周转率上有较高的因子载荷，这 2 个指标反映了企业的运营能力，这里把它定义为运营能力因子。

因子 F4 的方差贡献率为 13.526%，在营业收入增长率总资产增长率和上有较高的因子载荷，这些指标与企业的发展能力紧密相关，这里把它定义为发展能力因子。

(4)计算因子得分

采用回归法估计因子得分系数，计算结果如表 4-6 所示。

表 4-6　成分得分系数矩阵

	成分			
	1	2	3	4
营业利润率	−0.039	0.285	0.029	0.104
净资产收益率	−0.070	0.409	−0.053	−0.092
总资产净利润率	−0.041	0.395	−0.024	−0.072
流动比率	0.312	−0.106	−0.020	0.022
速动比率	0.306	−0.109	0.000	0.026
资产负债率	−0.257	−0.038	−0.039	0.034
流动资产周转率	−0.029	0.019	0.529	0.002
应收账款周转率	0.064	−0.058	0.550	0.026
所有者权益比率	0.256	0.042	0.039	−0.033
总资产增长率	−0.004	−0.014	0.005	0.557
营业收入增长率	−0.009	−0.065	0.022	0.598

根据表 4-6 所示的因子得分系数，可以写出因子得分函数，以四个因子的方差贡献率为权数，对每个因子得分进行线性加权计算得到科技型上市公司成长性综合得分 G，公式如式(4－5)所示：

$$G = 0.29549F1 + 0.23182F2 + 0.15589F3 + 0.13526F4 \qquad (4-7)$$

4.3.2　描述性统计分析

为了更好地观察和分析融资约束对企业成长的影响，先统计了整个样本的相关数据。

表 4-7　总样本的描述性统计

变量	平均数	标准差	最小值	最大值
Growth	0.7778	0.6694	−0.0679	4.5640
SA	−3.7246	0.2320	−4.3506	−3.0886
Indr	0.3782	0.0800	0.2000	0.6667
SIZE	9.8809	0.5327	8.8337	11.4817
Shareholder	44.8397	15.3043	9.2105	85.7562

从表 4-7 的全样本角度来看，反映企业成长能力的平均值是 0.7778，标准差是 0.6694，它的最大值为 4.5640，最小值为－0.0679，可见不同企业的成长能力还是存在较大的差距。用来表示融资约束的 SA 指数的平均值为－3.7246，最大值为－3.0886，最小值为－4.3506，显示样本新能源上市企业面临融资约束问题，可见融资约束的确是不可忽略的重要问题，其中最大值为－3.0886，最小值为－4.3506，从数值上来说，差异总体并不是很大。样本公司的独董占比平均值约为 0.3782，最大值为 0.6667，最小值为 0.2000，可见样本公司中独董占比差异并不是很大。而从表中可以看出，样本公司中的前三大股东持股比例分布是从 9.2105％ －85.7562％之间，跨度还是比较大的，股权总体呈现相对分散的状态。

4.3.3 变量的多重共线性检验

(1)相关系数矩阵

以下的表 4-8 为相关系数矩阵，该矩阵可以用来检验变量之间是否存在多重共线性。

表 4-8 相关系数矩阵

	Growth	SA	Indr	SIZE	Shareholder
Growth	1.0000				
SA	－0.2350	1.0000			
Indr	－0.0969	0.0247	1.0000		
SIZE	－0.0300	0.1996	－0.1718	1.0000	
Shareholder	－0.0845	0.2448	0.1021	0.2203	1.0000

在相关系数矩阵中，两个变量之间的关系若是越强，那么该系数就越接近 1，表 4-8 中的系数可以用来表示两个变量之间是否具有多重共线性。目前的研究中普遍认为如果变量之间的系数小于 0.5，那么他们之间存在多重共线性的概率就越小，那么就可以认为变量之间不存在多重共线性关系。从表 4-8 可以看出两两变量之间系数的绝对值都小于 0.5，其中系数绝对值最大的是 0.2350，该值也小于 0.5，因此我们可以认为该模型中不存在多重共线性。

(2)方差膨胀因子 VIF

表 4-9 方差膨胀因子 VIF

variable	VIF	1/VIF
Growth	—	—
SA	1.12	0.8907
Indr	1.12	0.8926
SAZE	1.09	0.9168
Shareholder	1.05	0.9489
Mean VIF	1.10	—

在面板数据相关性检验中，方差膨胀因子 VIF 也是经常用到的检验方法，该方法的判断依据是如果该变量的 VIF 值不超过 10 而且变量 VIF 方差膨胀因子的均值不超过 3，那么变量之间就不存在多重共线性问题。从表 4-9 中我们可以看出，每个变量的 VIF 值都不超过 2，远远小于 10，且 VIF 均值为 1.10，该值小于 3，所有的数值都没有超出合理范围，因此我们可以确定模型中的变量不存在多重共线性问题。

4.3.4 回归结果分析

(1)融资约束对企业成长的回归分析

以表 4-10 为模型(1)固定效应与随机效应回归模型，该表列出两种回归模型的各变量回归系数以及 R－squared、F 值/Wald 值。

表 4-10 模型(1)固定效应与随机效应回归模型

	固定效应	随机效应
SA	－0.6380*** (－3.37)	－0.6600*** (－3.55)
Indr	－0.7027(－1.31)	－0.7388(－1.39)
SIZE	－0.0045(－0.05)	0.0063(0.08)
Shareholder	－0.009(－1.01)	－0.1.4227(－1.19)
样本数	251	251
R－squared	0.0638	0.0639
F 值/Wald 值	3.8	16.79

注释：* 表示 p＜0.10，** 表示 p＜0.05，*** 表示 p＜0.01。

利用霍斯曼检验,得出结果如表 4-11 所示。

表 4-11 模型(1)霍斯曼检验

变量	fe	re	difference	S. E
SA	−0.6380	−0.6600	0.0220	0.0308
Indr	−0.7027	−0.7388	0.0360	0.0504
SIZE	−0.0045	0.0063	−0.0108	0.0178
Shareholder	−0.0009	−0.0009	0.0000	0.0001
cons	−1.2496	−1.4227	0.1731	0.2719
chi2(3) = 0.81				
Prob>chi2 = 0.8479				

从上表 prob>chi2=0.8479 可知应该接受原假设,即接受随机效应回归模型假设,其效果优于固定效应模型,该模型的 F 值为 16.79,拟合优度为 0.0639。该模型形式为:

$$Growth = -0.66SA - 0.7388Indr + 0.0063SIZE - 0.0009Sharehoder - 1.4227 \quad (4-8)$$

对模型回归结果进行分析,系数 β_1 的值为 −0.6600(p<0.00),说明融资约束与企业成长显著负相关。即说明 SA 指数越大,那么它所反映的融资约束程度就越高,对企业成长的副作用就越大,不利于企业的成长。

(2) 融资约束对企业成长驱动因子的回归分析

表 4-12 为模型(2)固定效应与随机效应回归模型。

表 4-12 模型(2)固定效应与随机效应回归模型

	固定效应	随机效应
SA	−0.0953(−1.36)	−0.1200*(−1.72)
Indr	−0.1146(−0.58)	−0.1340(−0.67)
SIZE	−0.1322***(−4.22)	−0.1176***(−3.82)
Shareholder	0.0004(0.41)	0.0003(0.32)
样本数	251	251
R−squared	0.0785	0.0795
F 值/Wald 值	5.91	21.23

注释:* 表示 p<0.10,** 表示 p<0.05,*** 表示 p<0.01。

表 4-12 中可以看出，回归结果并不显著，即融资约束对企业偿债能力方面没有影响。融资约束直接影响的是企业的资金获得情况，一般获得资金的话会进行企业规模的扩大或者投资项目等，对于偿还债务的能力的影响并不是直接的，偿还债务的能力还是取决于公司的经营状况，融资约束对企业偿债能力没有影响也是可以理解的。

表 4-13 分别为模型(3)固定效应与随机效应回归模型。

表 4-13　模型(3)固定效应与随机效应回归模型

	固定效应	随机效应
SA	0.0720** (2.46)	0.0767*** (2.66)
Indr	0.0917(1.11)	0.0985(1.20)
SIZE	0.0158(1.21)	0.0134(1.05)
Shareholder	0.0001(0.25)	0.0001(0.28)
样本数	251	251
R－squared	0.0467	0.0470
F 值/Wald 值	2.83	12.13

注释：* 表示 p＜0.10，** 表示 p＜0.05，*** 表示 p＜0.01。

利用霍斯曼检验，得出结果如表 4-14。

表 4-14　模型(3)霍斯曼检验

变量	fe	re	difference	S.E
SA	0.0720	0.0767	－0.0047	0.0047
Indr	0.0917	0.0985	－0.0068	0.0078
SIZE	0.0158	0.0134	0.0024	0.0028
Shareholder	0.0001	0.0001	－0.0000	0.0000
cons	－0.0590	－0.0207	－0.0383	0.0422
chi2(3) ＝1.24				
Prob＞chi2 ＝ 0.7428				

从表 4-14 可知，prob＞chi2＝0.7482 可知应该接受原假设，即接受随机效应回归模型假设，其效果优于固定效应模型，该模型的 Wald 值为 12.13，拟合优度为 0.0470。该模型形式为：

$$G_2 = 0.0767SA + 0.0985Indr + 0.0134SIZE + 0.0001Shareholder - 0.0207 \quad (4-9)$$

对模型回归结果进行分析，系数 β_1 的值为 0.0767，说明融资约束与企业盈利能力正相关，系数并不是很大说明影响比较小。这可能是因为企业面临融资约束，所以会对投资的项目更加谨慎，不会出现盲目投资的情况，会在一定程度上提高企业的盈利能力。

以表 4-15 为模型(4)固定效应与随机效应回归模型，该表列出两种回归模型的各变量回归系数以及 R－squared、F 值/Wald 值。

表 4-15　模型(4)固定效应与随机效应回归模型

	固定效应	随机效应
SA	－0.6108***（－3.70）	－0.6139***（－3.78）
Indr	－0.6963(－1.49)	－0.7191(－1.55)
SIZE	0.1167(1.58)	0.1158(1.62)
Shareholder	－0.0013(－0.51)	－0.0012(－0.50)
样本数	251	251
R－squared	0.0777	0.0777
F 值/Wald 值	4.79	20.71

注释：* 表示 p＜0.10，** 表示 p＜0.05，*** 表示 p＜0.01。

利用霍斯曼检验，得出结果如表 4-16。

表 4-16　模型(4)霍斯曼检验

变量	fe	re	difference	S. E
SA	－0.6108	－0.6139	0.0031	0.0269
Indr	－0.6963	－0.7191	0.0227	0.0440
SIZE	0.1167	0.1158	0.0008	0.0155
Shareholder	－0.0013	－0.0012	－0.0000	0.0001
cons	－2.6094	－2.6056	－0.0038	0.2374
chi2(3) ＝0.47				
Prob＞chi2 ＝ 0.9251				

从表 4-16 可知，prob＞chi2＝0.9251 可知应该接受原假设，即接受随机效

应回归模型假设，其效果优于固定效应模型，该模型的 Wald 值为 20.71，拟合优度为 0.0777。该模型形式为：

$$G3 = -0.6139SA - 0.7191Indr + 0.1158SIZE - 0.0012Shareholder - 2.6056 \quad (4-10)$$

对模型回归结果进行分析，系数 β_1 的值为 −0.6139，说明融资约束与企业运营能力显著负相关。融资约束直接会影响企业的现金流，不利于企业资金周转，融资约束与企业运营能力显著负相关很符合认知。

表 4-17 为模型(5)固定效应与随机效应回归模型。

表 4-17　模型(2)固定效应与随机效应回归模型

	固定效应	随机效应
SA	−0.0039(−0.22)	−0.0032(−0.18)
Indr	0.0165(0.33)	0.0158(0.32)
SIZE	−0.0047(−0.60)	−0.0053(−0.70)
Shareholder	−0.0001(−0.47)	−0.0001(−0.46)
样本数	251	251
R−squared	0.0050	0.0050
F 值/Wald 值	0.28	1.23

注释：* 表示 p<0.10，** 表示 p<0.05，*** 表示 p<0.01。

表 4-17 中可以看出，回归结果并不显著，即融资约束对企业发展能力方面没有影响。企业的发展取决于很多方面，企业即使能够获得资金支持，但是资金最终是否能够获利是否能够促进企业的成长是不确定的，融资约束与企业发展能力没有关系也在情理之中。

从这四个回归结果可以看出，融资约束对企业负债方面、发展方面没有影响，与企业盈利能力正相关，系数为 0.0767，与企业运营能力显著负相关，系数为 −0.6139。融资约束对企业成长的整体影响的系数为 −0.6600，所以融资约束对企业成长的影响主要是通过影响企业运营方面进而对企业成长产生影响。

4.4　结论与政策建议

4.4.1　主要结论

结合国内外的研究现状以及相关理论知识，收集我国沪深股市上市时间在5年以内的63家科技型上市公司2014—2017年的非平衡面板数据，用因子分析法从偿债能力、盈利能力、运营能力和发展能力四个方面构建企业成长的评价指标，将相关数据代入线性回归模型中进行实证分析，发现融资约束与科技型上市公司成长显著负相关，即融资约束不利于其成长。得出的结论为：融资约束与企业成长显著负相关，即融资约束程度越高，企业获取融资就变得更加困难，那么企业的成长就相对缓慢。融资约束对企业成长的影响主要是通过影响企业运营能力进而对企业成长产生影响。融资约束与企业的运营能力显著负相关，对企业的负债能力、发展能力没有影响，与企业的盈利能力显著正相关。

4.4.2　对策建议

研究以科技型上市公司为样本，对于科技型上市公司如何更好地成长具有重要意义。从模型回归分析中我们可知融资约束与企业成长显著负相关，融资约束程度较低的企业成长会更好，可见降低融资约束能使企业更好的成长。融资约束会直接影响企业的资金获得情况，进而影响企业的资金运营周转情况，回归结果也显示融资约束主要是通过影响企业的运营能力进而影响企业成长的，所以提高企业的运营能力对科技型上市公司企业成长意义重大。根据以上回归结果，提出了一些对策与建议以帮助科技型上市公司更好地成长。

第一，很多研究表明企业雇佣曾在或者现在在金融机构任职的人担任企业高管可以降低企业的融资约束问题，进而对企业的成长产生积极的影响，所以科技型上市公司在招聘高管时可以优先选择这些具有金融背景的人。这主要是从三个方面来缓解企业面临的融资约束。首先可以降低信息不对称程度，高管可以向金融机构传达企业的真实信息，降低交易成本。其次高管可以用自己专业的金融知识与技能为企业提供投融资、财务方面的指导，完善企业的资金管理，帮助企业调整融资结构，做出正确有效的决策，这样能够从根本层面上改善企业的财务状况，降低企业面临的风险，促进企业的成长。最后可以起到提升企业形象的作用，一般认为具有金融背景的人择业时会更加谨慎。

第二，建立财务预警机制。公司应该定期地检查自身的财务状况，看看指标是否在合理范围内。比如净资产收益率，不仅可以用来反映收益情况，还能反映企业融资约束程度。及时发现财务危机迹象，然后采取措施加以应对。企业还应该结合自身的情况建立健全内部控制制度，完善企业的激励约束机制，来防范化解财务风险，使企业的经营能够良性化运作，提高抵御风险的能力。这样才能够减少企业因为资金周转不灵而导致破产的风险。

第三，提高运营效率。融资约束会影响企业资金获得情况，企业提高自身资金周转情况也有助于缓解资金紧张的情况。应收账款周转率和流动资产周转率经常用来反映企业的运营能力，应收账款和存货是流动资产的主要组成部分，因此企业应该缩短订单周期，提高交货速度，周期越长资金占用就越多，资金成本就越高。企业也应该降低库存，库存不仅会占用资金，还会占用空间产生维护、搬运等费用。缩短订单周期和降低库存需要企业制定合理有效的计划体系以及采用高效的生产方式。至于提高应收账款周转率，企业应该增加催收账款的效率，或者对于尽早付款的客户提供付款优惠政策，以尽早回收货款。

最后企业也应该加强自身管理，提高企业的信用。在企业内部建立良好的信用体系，平时也加强与金融机构的联系。企业应该保证信息的透明性，保证所提供信息的及时性和真实性，使外界能够充分掌握企业的信息，提高信息沟通效率。

第五章　融资约束下政府补助对企业成长的影响

在融资约束的条件下，政府补助是企业的重要资金来源，而政府补助可分为收益性政府补助与资产性政府补助，两者分别对企业成长有何影响呢？基于此，选取我国中小板上市科技型企业作为融资约束下政府补助对企业成长影响的研究样本，选取2010—2016年共2117个样本数据进行实证分析，研究结果表明，收益性政府补助对企业短期成长为正向线性影响；资产性补助对企业长期成长为正向线性影响；随着融资约束程度逐渐加深，收益性政府补助与资产性政府补助对企业成长的正向促进作用逐渐减弱。从相关性分类计量的视角下探究了政府补助对融资约束企业的成长的影响，并提出了调整政府补贴结构、强化会计信息披露质量等政策建议。

5.1　理论分析与假设提出

5.1.1　相关性分类角度下政府补助对企业成长的影响

由于中小科技型企业规模的特殊性，如果将生产过程或者研发投资中的投资活动完全交于市场，就会产生市场失灵和投资水平不足现象。一方面，投资风险性以及产出私有性使得生产或研发活动为企业带来的私有收益低于该活动产生的社会收益，导致投资低于期望的最优水平从而产生投资不足问题。另一方面，中小科技型企业投资费用的披露问题使得资金供求双方之间存在信息摩擦，外部市场投资者为中小科技型企业投入的资金会包括额外的风险溢价，导致中小科技型企业使用外部资金的成本远远高于使用内部资金的成本。通过对现有研究的回顾以及对理论的分析,可发现获取资金能力是影响企业成长性的重要因素,政府以补助的方式进行适度干预,可以为中小科技型企业投资的市场失灵问题的解决提供帮助。上市公司会利用政府补贴进行盈余管理,从而实现亏损转化为利润的目的,从而对公司成长产生正向影响。政府补助政策作为社会资源配置的重要手段,理应发挥一定的作用,改善企业外部资金缺乏情况,为中小科技型企业提供更多资金,帮助企业投资达到期望的最优水平,缓解投资不足问题,降低企业使用外部资金的成本,从而激励企业成长。

为了进一步研究政府补助对企业成长的作用,本书将企业成长分为短期成长与长期成长分别研究,并且以相关性分类的角度,将政府补贴分为收益性和资产性两大类分别进行细化分析。有国外学者曾研究发现政府补贴在短期内对企业成长有显著促进作用,但长期中并不显著,但是国外的政府补助并不区分相关性类别。

收益性政府补贴主要用来补偿企业已经或将要发生的相关费用或损失等,包括企业无偿收到各种补偿、奖励、贴息、补贴、亏损弥补和税费返还等除去资产性政府补贴的经济资源。在收集政府补助披露数据时发现,基于研究对象中小板上市科技型企业,收益性政府补贴的来源主要有三类:一是政府为了避免上市公司出现亏损而发放的无偿补贴,二是地方政府为了招商引资或者引进人才而无偿给予企业的补贴或者奖励,三是增值税返还。收益性政府补贴多为一次性的,而且为了避免上市公司亏损的补贴发放金额较大,所以从短期来看,弥补了企业的现金亏损,会对企业的盈利水平产生正向的影响。但是从长期来看,由于收益性政府补贴只起到弥补亏损、补偿费用的作用,并不影响企业的研发投资或者生产过程活动,所以对企业的长期成长并无显著作用。

理论上,政府所发放的资产性政府补贴直接影响了企业的研发活动或生产过程活动,为企业提供了直接或者间接的长期资产,同时也向外部投资者传递了政府向企业项目投资的信号,一定程度上缓解了信息不对称问题。但是,由于研发项目等投资活动具有周期性长、回报不确定性等特点,短期内资产性政府补助可能对企业的盈利能力的提高并无显著性的作用;但是从长期的角度看,资产性政府补助为企业研发或生产活动提供了直接性的帮助,对企业的技术创新、产品创新以及生产能力的提高有重要的意义，有利于企业提高自身的竞争能力，扩大市场份额。因此，企业面临融资约束时，资产性补助对企业短期成长并无显著影响，对长期成长有显著的促进作用。根据上述分析，提出以下假设：

H_{1a}：收益性政府补贴对公司短期成长有显著的促进效应。

H_{1b}：资产性政府补贴对公司长期成长有显著的促进效应

5.1.2　融资约束下政府补助对企业成长的影响

企业的成长离不开资金的支持，所以融资状况与企业成长有着密不可分的联系。当前多数研究表明融资约束与公司价值呈负相关关系，并且融资约束对公司成长性有显著抑制效应，政府补贴对公司成长有显著积极效应，政府补贴对融资约束与公司成长的负相关关系起到明显削弱效应。在融资约束下，企业产生了怎样的财务困境，政府补贴又对企业产生了怎样的作用，而政府又应该如何做出合理的补助规划呢？

基于本书的研究对象中小板上市科技型企业，面临的融资约束问题较为严重。所有权属性上看，中小科技型企业多数属于民营性质，融资时存在金融机构信贷配给问题。但是企业生产过程活动以及所投资的研发活动从前期的实验开发到后期的成果转化以及后续的维护都需要大量的资金支持，仅仅靠内部积累是不够的，需要借助外部融资，然而由于种种原因导致的融资约束问题使得企业的活动难以获得外部融资的支持，最终导致企业生产投资以及研发活动中断，影响了企业的成长性。因此，政府补助作为此时中小科技型企业重要的资金来源，在没有充裕的内部积累或者项目尚不能够产生收益时，政府补助为企业降低了外部融资成本从而激励了企业净现值为正的项目，为企业提供了投入资金，即使达不到最优投入水平，也缓解了融资约束问题，从而正向影响了企业的成长性。

从融资结构看，中小科技型企业的资本形成可以分为内源融资和外源融资。其中内源融资指的在企业在经营过程中，为了扩大再生产或者投入研发，从其内部筹集资金，主要包括折旧和留存收益两部分，也可以指折旧和留存收益转化为投资的过程。外源融资是指企业向股权持有人以及经营主体以外的对象筹集资金。根据是否经过商业银行等金融中介，外源融资又可进一步划分为直接融资和间接融资。直接融资的来源是资本市场上不同风险偏好的投资者，间接融资的来源则包括向中小科技型企业提供贷款的政策性银行、商业银行和中小金融机构等。就我国而言，由于金融体系不健全而且可供选择的金融工具数量较少，所以中小科技型企业对外源融资中的间接融资的依赖性很强。

中小科技型企业内部经营管理在缺乏资金进行生产过程或者研发活动的情况下，外部融资尤其是间接融资的难易程度将对企业最终投入水平产生很大的影响。当企业内外部融资成本差距较小即受到的融资约束程度较低时，可以通过付出在其能力范围内的融资成本获得一定量的外部资金，进而增加企业投资，此时收益性政府补助为企业带来了资金支持，资产性政府补助为企业带来了直接的设备资产支持，企业相对来说获得了较多的资金，从而刺激企业生产以及研发投入，提高了企业的竞争力与创新性，对企业产生正向影响。但是随着企业所受融资约束程度的加深，企业能够筹集的外源融资越来越少，当企业所受融资约束达到一定程度时，企业将因没有办法支付高昂的融资成本或受到信贷配给等无法继续获得外部融资，只能依赖于内部留存收益，这时即便获得了两类政府补助，也会由于企业艰难的状况杯水车薪，无法刺激企业进行再生产与研发活动，影响了企业的经营状况，从而影响了企业的成长。

故根据上述分析，提出以下假设：

H_{2a}：收益性政府补贴对公司短期成长正向作用会随着融资约束程度逐渐加深而减弱。

H_{2b}：资产性政府补贴对公司长期成长正向作用会随着融资约束程度逐渐加深而减弱。

5.2 研究设计

5.2.1 数据来源与变量定义

(1)数据来源

目前我国中小科技型企业仍旧处于融资约束困境，选取 2010－2016 年中小板上市科技型企业年度数据，数据均来源于同花顺 ifind 以及国泰安数据库，部分财务指标手工整理后由 Excel 计算得出。为了保障数据的稳健性对数据做如下处理:(1)剔除没有披露政府补助的企业;(2)剔除另外变量所需数据不完整的企业;(3)剔除 st 以及 * st 的企业;(4)剔除金融类企业。最终得到 2117 个研究数据样本。

(2)变量定义

①被解释变量

以企业成长作为本研究的被解释变量,将企业成长分为短期成长和长期成长,采用单一指标来进行衡量。关于企业成长单一指标,当前并没有统一的度量标准。有学者采用净利润衡量企业成长绩效,也有用企业员工人数和销售额分别计算企业成长绩效;企业总资产增长率用来衡量企业的扩张能力,可以用企业扩张能力来表示企业的成长性;也有研究采用利润率、市场份额增长率与净资产收益率,测量企业的成长;TobinQ 值也可以作为企业成长机会最优的替代变量,且如今 TobinQ 值已被广泛应用于上市公司成长性评价。

在总结现有研究成果的基础上,考虑中小科技型企业的盈利能力和未来增长潜力的角度,选取出可代表企业成长性的指标。短期成长,与盈利能力息息相关,故而选择总资产报酬率 ROA 来衡量。长期成长是投资者对企业未来盈利能力的预期,是企业的价值成长,考虑到资产性政府补贴效应的滞后性,将公司长期成长指标滞后一期进行衡量,故通过(t+1)期的 TobinQ 值进行衡量。

TobinQ 值理论上是公司市场价值与公司重置成本的比值,然而在中国重置成本的准确计算在实践中很难实现。为了尽量避免 TobinQ 值的局限性,使用替代方法:将股东权益市场价值与债务资本的市场价值的和除以总资产账面价值的商用作 TobinQ 值。这种计算方法把公司看作一个包括负债在内的整体,这是目前主流的方法,也是学者们广泛使用的方法。基于数据的可获取性,考虑到我国中小板上市公司财务披露的具体情况,在实际收集数据时,股东权益资本的市场价值采用同花顺 ifind 中的股权价值来计算,债务资本的市场价值采用同花顺 ifind 中的净债务价值来计算。

②解释变量

政府补助是指企业从政府无偿取得的货币性资产或非货币性资产,但是不包括政府作为企业投资者投入的资本。根据《企业会计准则第 16 号——政府补助》,企业取得的、用于购建或以其他方式形成长期资产的政府补助列为资产性政府补贴;除与资产相关的政府补助之外的政府补助列为收益性政府补贴。

企业所获得的政府补助可以用补助总额、补助规模、补助强度来衡量,考虑到中小科技型企业的政府补助绝对数值较大,而总资产报酬率 ROA 和 TobinQ 值数值较小,相关性分类角度下的相关研究采用的都是补助强度,为了尽量避免企业规模对资产性政府补助的影响,故选择政府补助强度(GovSUB)作为被解释变量来衡量政府补助投入水平。

政府补助强度即企业财务报表披露的政府补助与期末总资产的比值。资产性政府补助强度即企业披露的资产性政府补助与期末总资产的比值;收益性政府补助强度即企业披露的收益性政府补助与期末总资产的比值。

③控制变量

除了上述解释变量外,还有一些重要因素会对企业成长产生影响。在阅读企业成长性相关文献的基础上,本书借鉴相关研究,结合研究对象中小板上市科技型企业,选取以下控制变量:第一,企业规模。自企业成长理论提出以来,学者们针对成长能力与企业规模之间的关系进行了大量研究,但是现有研究尚未得出一致结论,因此有必要将企业规模变量加进模型,检验其与企业成长性之间的关系。第二,企业年龄。关于企业年龄与企业成长的关系有两种解释,一般认为年龄较大的老企业成长率低;也有观点认为成立期限越长,经营状况越成熟,企业在产品研发及创新方面会积累经验,更愿意投资于研发活动,从而激励企业的成长。因此运用当年年度减去企业成立年度的差作为企业年龄变量加入模型进行观察。第三,为了分析政府补助对融资约束企业成长性的促进效应,本书还引入了影响企业外部融资能力的几个变量,包括资产负债率、流动比率、销售净利率。

由于我国区域经济发展不平衡,东部地区的发展水平远高于中西部,故加入区域虚拟变量 AreaDUM 以考虑区域对企业成长性的影响。若企业处于东部省份则变量取 1,否则取 0;而从事高技术产业的中小科技型企业可能会更多的获得政府补助,从而对企业成长性产生影响,故将高技术产业虚拟变量 TechDUM 加入模型考虑。若企业属于高技术产业,则变量取值为 1,否则为 0。

表 5-1　变量一览表

变量类型	变量名称	变量符号	变量定义
被解释变量	短期成长	GR	总资产报酬率 ROA
	长期成长	GS	t+1 期的 TobinQ 值(TobinQ=(股权价值+净债务价值)/期末总资产)
解释变量	与资产相关的政府补助强度	AsssetSUB	企业收到的与资产相关的政府补助与企业期末总资产的比值
	与收益相关的政府补助强度	ReturnSUB	企业收到的与收益相关的政府补助与企业期末总资产的比值
控制变量	企业规模	SIZE	取企业期末总资产的对数为企业规模
	销售净利率	NPM	是净利润与销售收入的对比关系
	资产负债率	LEV	是负债总额与资产总额的比例关系
	流动比率	CR	是流动资产对流动负债的比率
	企业年龄	AGE	当年年度减去企业成立年度作为企业企业年龄
	区域虚拟变量	AreaDUM	如果企业位于东部地区则该变量取 1,反之则取 0
	高技术产业虚拟变量	TecDUM	如果企业属于高新技术产业则该变量取 1,反之则取 0

5.2.2　融资约束的量化

要衡量企业的融资约束程度,首先要把融资约束量化。当前关于融资约束度量的代表性研究,主要有单变量指标和多变量指标的方法。前者最早利用股利支付率来衡量公司面对的融资约束程度;还有公司成熟度、股权集中度等指标;利息保障倍数也可以作为公司外部筹资成本溢价的代理变量;近来的研究单变量指标多用现金一现金流敏感度模型回归计算出与经营性现金流正相关的现金一现金流敏感度作为融资约束的替代变量。后者中,ZFC 融资约束指数在由多元判别分析法构建后,出现了首次通过对研究样本进行分组来分析融资约束程度与公司投资之间的关系;后续的研究则在分组后选取营业现金流量、TobinQ、资产负债率、股利支付率和现金持有量等财务变量进行次序 Logistic 回归分析，并构造了反映公司融资约束程度的 KZ 指数；再后来延伸为以利息保障倍数对样本排序，接着以前 20％作为非融资约束组，后 20％作为融资约束组，在此基础上选取销售收入增长率、销售净利率、资产负债率、流动比率以及财务松驰五个财务指标分别进行多元判别分析，从而得到判别融资约束程度的值，这是目前研究主流方法之一；也有用 SA 指数的绝对值来度量融资约束程度，该指数绝对值越大则融资约束程度越低；还有代表性研究利用现金股利/总资产（或者股利支付率）、净运营资本、市场与账面价值比、净资产收益率、资产负债率五个指标构建了 LFC 指数；目前关于融资约束指数的构建的研究，国内多数采用的都是多指标综合的评价方法。

通过文献梳理，根据中小科技型企业的经营特点，基于数据的可获取性，选取五个财务指标，将多指标综合评价方法与二元逻辑回归模型结合构建融约束指数(FCI)。首先以利息保障倍数的大小为样本企业预分组，对样本数据的利息保障倍数年度数据进行降序排列，将排名前 33％的样本企业预分入低融资约束组（包含 717 个样本数据），将排名后 33％的样本企业预分入高融资约束组（包含 714 个样本数据）。然后，以二元离散变量 Group 为被解释变量，Group＝{1，0}，以财务松弛（SLACK）、现金流量（CF/A）、流动比率（CR）、资产负债率（LEV）和销售净利率（NPM）五个财务指标为解释变量，构建模型（1）进行二元逻辑回归分析。最后，将整个样本数据代入判别分析的结果模型，算出融资约束指数 FCI。该融资约束指数越大，企业受到的融资约束越高。

综上所述构建模型(1)：

$$
\begin{aligned}
FCI &= \ln \frac{P\{Group = 1\}}{P\{Group = 0\}} \\
&= \alpha_0 + \alpha_1 SLACK + \alpha_2 LEV + \alpha_3 CF/A + \alpha_4 NPM + \alpha_5 CR
\end{aligned}
\tag{5-1}
$$

其中：α_0 为常量，$\alpha_1 \sim \alpha_5$ 为系数

$$
SLACK = \frac{cas? + tfa + 0.5stock + 0.7arc - std}{Asset} \tag{5-2}
$$

其中：*cash* 为现金；*tfa* 为交易性金融资产；*stock* 为存货；*arc* 为应收账款；*std* 为短期借款；*Asset* 为总资产。

借助 SPSS24.0 软件进行二元逻辑回归，模型(1)的回归结果如表 5-2 所示。

表 5-2　二元逻辑回归结果

	常量	SLACK	LEV	CF/A	NPM	CR
系数 B	1.584	−8.334	0.070	−4.915	−0.331	0.178
标准误差	0.463	0.807	0.008	1.574	0.027	0.044
瓦尔德	11.698	106.623	73.717	9.755	154.205	16.236
自由度	1	1	1	1	1	1
显著性	0.001	0.000	0.000	0.002	0.000	0.000
Exp(B)	4.876	0.000	1.072	0.007	0.718	1.195

由表 5-2 可知，二元逻辑模型即模型(1)的拟合情况较好，每个变量的回归系数显著不为 0，且模型的预测错判率仅为 7.5%。

综上，模型(1)的二元逻辑回归结果如下：

$$FCI = 1.584 - 4.915CF/A - 8.334SLACK + 0.178CR + 0.070LEV - 0.331NPM \quad (5-3)$$

5.2.3　模型构建

由上文所述，为了检验不同相关性的政府补贴对企业成长性的影响，分别将收益性政府补助强度、资产性政府补助强度作为解释变量，以企业成长为被解释变量，进行回归分析，同时考虑到中小科技型企业的自身特征、国家产业因素以及区域因素等对企业成长的影响，加入资产负债率、销售净利率、流动比率、区域虚拟变量、企业年龄、企业规模和高技术产业虚拟变量作为控制变量。

以企业短期成长 GR(即总资产报酬率 ROA)为被解释变量，以收益性政府补助与资产性政府补助为解释变量，加入控制变量，构建模型(2)：

$$GR = \alpha_0 + \alpha_1 AssetSUB + \alpha_2 ReturnSUB + \alpha_{3\sim9} Controls + \varepsilon \quad (5-4)$$

以企业长期成长 GS(即$(t+1)$期的 $TobinQ$ 值)为被解释变量，以收益性政府补助与资产性政府补助为解释变量，加入控制变量，构建模型(3)：

$$GS = \beta_0 + \beta_1 AssetSUB + \beta_2 ReturnSUB + \beta_{3\sim9} Controls + \varepsilon \quad (5-5)$$

其中：α_0、β_0 为常量，$\alpha_1 \sim \alpha_9$、$\beta_1 \sim \beta_9$ 为系数，ε 为随机误差

5.3 实证分析

5.3.1 描述性统计分析

运用 SPSS24.0 对各变量进行描述统计分析，结果如表 5-3 所示。

表 5-3 描述统计

	个案数	最小值	最大值	平均值	标准差
ROA	2117	−38.0441	74.3568	7.3353	6.6461
TobinQ	2117	−0.2712	15.0032	2.1225	1.5813
GovSUB	2117	0.0005	19.0811	0.6822	1.0023
ReturnSUB	2117	0	18.9972	0.5108	0.8757
AssetSUB	2117	0	14.8704	0.1713	0.4601
FCI	2117	−27.4714	99.1145	−0.1498	5.4950
SIZE	2117	15.5480	25.7051	19.9804	1.2210
LEV	2117	2.0963	104.4356	38.2161	17.7013
NPM	2117	−271.5945	99.3692	7.7066	12.3786
CR	2117	0.3195	44.9727	2.7571	3.3043
AGE	2117	0	56.000	13.2447	5.1778
AreaDUM	2117	0	1	0.7114	0.4532
TecDUM	2117	0	1	0.3477	0.4763
有效个案数(成列)	2117				

由表 5-3 统计结果可以看出，2117 个样本数据的总资产报酬率与 TobinQ 的均值分别为 7.3353%和 2.1125，说明中小科技型企业的盈利能力和成长性较好，但是总资产报酬率最大值和最小值分别为 74.3568%和−38.0441%，TobinQ 的极大值和极小值分别为 15.0032 和−0.2712，差额较大，说明各个中小科技型企业之间成长速度、成长质量差距较大；从政府补贴的强度来看，GovSUB 均值为 0.6822%，标准差为 1.0023，说明中小科技型企业之间政府补贴数

额相差不大。其中，与资产相关的政府补贴强度平均值仅为 0.1714%，而与收益相关的政府补贴强度平均值达到 0.5108%，这说明政府补贴中与资产相关的补贴较少，相对而言奖励、补助款等较多，体现了政府补贴弥补亏损的政策倾向；融资约束极大值与极小值差额较大，说明中小科技型企业间融资约束的严重程度差异较大。

从控制变量来看，企业规模即企业资产的自然对数均值为 19.9804，说明中小科技型企业的规模较小，规模扩张仍是其目前战略发展方向；资产负债率和流动比率的均值达到 38.2161%和 2.7571%，说明中小科技型企业偿还负债的能力较强，但企业间差距较大；销售净利率均值 7.7066%，说明中小科技型企业销售收入获取能力较好，具有良好的市场前景；第七，企业年龄之间差距较大，新生企业与老企业发展过程差距较远。

5.3.2　相关性分析

运用 SPSS24.0 对各变量进行相关性分析，结果如表 5-4 所示。由表 5-4 结果观察可见：在 1%的显著性水平下，融资约束与总资产报酬率 ROA 以及 TobinQ 值呈显著负相关，即融资约束对企业的短期成长以及长期成长都有负面抑制效应，由此为假设 H_2 的验证提供了基础；在 1%的显著性水平下，总政府补助强度与总资产报酬率 ROA 以及 TobinQ 值呈显著正相关，即政府补贴对企业的短期成长以及长期成长都有正面促进效应。由此为假设 H_1 的验证提供了基础。融资约束指数与总政府补贴强度在 1%的显著性水平下显著负相关，说明了政府补贴对企业的融资约束具有缓解效应，再次验证了政府补助的促进作用。

在 1%的显著性水平下，收益性政府补贴强度与总资产报酬率 ROA 以及 TobinQ 值呈显著正相关，与总资产报酬率 ROA 相关系数达到 0.218，而且与 TobinQ 值相关但相关性较弱；而资产性政府补贴强度与总资产报酬率 ROA 相关程度较弱，在 1%的显著性水平下与 TobinQ 值呈显著正相关。这为 H_{1a} 和 H_{1b} 的验证提供了基础，说明收益性政府补贴是影响企业短期成长的显著因素，而资产性政府补贴对企业短期成长的影响微弱；收益性的政府补贴对企业长期成长有一定的影响，具体需要回归分析，而资产性的政府补贴对企业长期成长影响显著。

从控制变量来看，企业规模和资产负债率与总资产报酬率 ROA 以及 TobinQ 值呈显著负相关，即企业规模和资产负债率与企业成长呈负相关，说明实力雄厚、偿债能力较强的企业已经比较成熟，成长空间小，主要目的是通过投资于高回报项目获取收益，而非通过获取政府补贴促进企业的扩张；销售净利率和流动比率与总资产报酬率 ROA 以及 TobinQ 值呈显著正相关，说明销售收入获取能力强，短期偿还负债能力强的企业正处于成长期，成长较快。企业年龄与总资产报酬率 ROA 以及 TobinQ 值呈显著负相关，说明中小科技型企业年龄小的成长能力快，年龄大的经营逐渐趋于成熟，成长空间小。

区域虚拟变量与总资产报酬率 ROA 以及 TobinQ 值相关性微弱，说明企业成长与区域因素关系较小；在 1%的显著性水平下与政府补贴强度呈负相关，说明相对来说西部地区的企业相对于东部地区的企业来说获取的政府补助更多，尤其是收益性政府补助较多。高技术产业虚拟变量与总资产报酬率 ROA 相关性微弱，但是与 TobinQ 值显著正相关，说明高技术行业的中小科技型企业大多盈利能力一般、规模不大，但是由于产业政策、行业新兴等原因，长期成长能力较强。在 1%的显著性水平下与政府补贴强度呈显著正相关，验证了本书关于高技术行业会更多的获取政府补助的猜想。企业年龄与收益相关的政府补助在 1%的水平上显著负相关，在一定程度上与企业成长呈负相关但不显著，表明企业成立的时间越长，企业面临的亏损和经营的风险不断缩小，运营情况也逐渐趋于稳定，企业获得收益性的政府补贴越少，从而说明了收益性补助的补亏性。

表5-4　Pearson相关系数

	ROA	*TobinQ*	*ReturnSUB*	*AssetSUB*	*GovSUB*	*FCI*	*SIZE*	*LEV*	*NPM*	*CR*	*AGE*	*AreaDUM*	*TecDUM*
ROA	1												
TobinQ	0.384**	1											
ReturnSUB	0.218**	0.180**	1										
AssetSUB	0.022	0.083**	0.032	1									
GovSUB	0.200**	0.193**	0.889**	0.487**	1								
FCI	−0.453**	−0.422**	−0.130**	0.014	−0.107**	1							
SIZE	−0.146**	−0.343**	−0.121**	0.060**	−0.078**	0.330**	1						
LEV	−0.181**	−0.478**	−0.062**	−0.005	−0.057**	0.577**	0.438**	1					
NPM	0.690**	0.344**	0.106**	0.023	0.103**	−0.671**	−0.157**	−0.356**	1				
CR	0.105**	0.289**	0.026	−0.004	0.021	−0.355**	−0.333**	−0.567**	0.266**	1			
AGE	−0.110**	−0.074**	−0.062**	0.013	−0.048*	0.116**	0.190**	0.081**	−0.055*	−0.073**	1		
AreaDUM	0.013	−0.007	−0.119**	−0.031	−0.118**	−0.019	−0.015	−0.051*	−0.020	0.019	0.035	1	
TecDUM	0.041	0.194**	0.082**	0.052*	0.096**	−0.052*	−0.100**	−0.092**	0.042	0.093**	0.000	0.027	1

**：在0.01级别（双尾），相关性显著。

*：在0.05级别（双尾），相关性显著。

5.3.3 回归结果及分析

为了进一步探究相关性分类角度下政府补贴对企业成长的影响,进一步验证研究假设,本书对模型(2)、模型(3)进行了回归分析。并将样本按照融资约束指数分组,探究融资约束程度改变时政府补助对企业成长的影响变化。

(1)融资约束下政府补助对企业短期成长的影响

在融资约束指数构建完成后,将各变量数值代入模型求出融资约束 FCI 的具体数值,该融资约束指数越大,则企业受到的融资约束越高。将总样本的融资约束数值按从大到小降序排列,将总样本后 33%的样本划入低融资约束样本,前 33%的样本划入高融资约束样本,中间的划入中融资约束样本,并且分别代入回归模型(2)进行检验,结果如表 5-5 所示.

表 5-5　模型(2)回归结果

变量	总样本	低融资约束样本	中融资约束样本	高融资约束样本
(常量)	10.389*** (5.628)	11.827** (3.053)	5.921* (2.294)	−1.674 (−0.545)
ReturnSUB	1.088*** (9.233)	1.582*** (8.759)	−0.237 (−1.258)	0.437* (1.771)
AssetSUB	0.103 (0.468)	−0.074 (−1.131)	−0.209 (−0.412)	0.127 (0.551)
SIZE	−0.335*** (−3.541)	−0.564** (−2.813)	−0.202 (−1.575)	0.038 (0.267)
LEV	0.028*** (3.716)	0.119*** (6.413)	0.071*** (6.370)	0.056*** (3.995)
NPM	0.380*** (43.235)	0.431*** (16.911)	0.500*** (24.211)	0.272*** (26.955)
CR	−0.144*** (−3.832)	−0.177*** (−3.350)	0.012 (.169)	0.760** (2.573)
AGE	−0.082*** (−4.115)	−0.088** (−2.803)	−0.069* (−2.248)	0.030 (.866)

变量	总样本	低融资约束样本	中融资约束样本	高融资约束样本
AreaDUM	0.742*** (3.299)	1.821*** (3.989)	0.148 (0.492)	−0.062 (−0.192)
TecDUM	0.070 (0.329)	0.227 (0.548)	−0.124 (−0.425)	0.037 (0.112)
Adj−R^2	0.515	0.467	0.490	0.517

注：括号内为 t 值，*、**、*** 分别表示 10%、5%、1%水平上显著。

上述模型中的总样本结果除去资产性政府补助与高技术产业虚拟变量，全部通过了显著性检验。其中，模型拟合度 Adj−R^2 等于 51.5%，说明模型拟合度高。ReturnSUB 的系数为 1.088，说明收益性政府补助对企业短期成长为正向促进效应，从而验证了假设 H_{1a}。

回归结果显示，收益性政府补助能够增正向促进企业的短期成长，但资产性政府补助对企业的短期成长并无明显影响，对于我国中小板上市科技型企业来说作用途径有两种可能，一种是随着收益性政府补助的增加，即使企业的可用资金由于某些无法控制的外部冲击而减少时，企业通过政府补助获得资金应对内部资金的缺口，政府补助缓解了企业成长来自融资约束的负面冲击，短期内项目的现金流不受影响，从而提升了企业短期内的盈利能力水平，促进了企业的短期成长；另一中可能在于收益性政府补助弥补了企业该年度内的亏损，企业的报表便转亏为盈，体现在年度报表上，一定程度上影响了本书模型的判断结果。资产性补助由于对企业的影响周期较长，对短期内企业资金投入水平并无太大影响，从而与企业的盈利能力无关，因此资产性政府补助与企业成长关联不大。

由控制变量可以看出，规模较小、年龄较小、销售能力较强的企业，短期成长性较为显著。收益性政府补助主要用于政府对上市企业的补亏以及补偿、贴息等，与行业属性关联较小，所以相对于企业的短期成长，高技术虚拟行业变量显著性未通过。从系数来看，企业短期成长与高技术虚拟行业变量呈正相关的关系，说明高技术行业相对来说还是有一定的影响。从区域虚拟变量来说，相对于中西部的企业，东部企业在获取收益性政府补助后，企业短期能力得到一定的提高。

由以上融资约束下样本的回归结果可看出，融资约束程度由低到高逐渐加深时，收益性政府补助的系数由 1.582 变化为 0.437，说明企业在内外部融资成本差距较小即受到的融资约束程度较低时，可以通过收益性政府补贴获得一定量的外部资金，进而提高企业的盈利能力；随着企业面临融资约束程度的加深，企业所获得的资金不断减少，当企业所受融资约束达到一定程度时，企业将因为外部融资成本高昂或者受到来自外部投资者的信贷配给等原因无法获得外部融资陷入财务困境，即便获得了收益性政府补助，也在一定程度上影响了企业成长性。但是可以发现中融资约束样本的系数为负的，主要有两方面原因：一方面通过描述性统计可以发现企业融资约束指数差距太大，所以中融资约束样本的融资约束指数偏高，该种分组对结果造成了一定影响；另一方面低融资约束下收益政府补助与总资产报酬率 ROA 呈正相关，当融资约束程度逐渐加深时影响变弱，说明外部融资困难时，企业将收益性补助用作自有资金做出其他投资如研发投资等长期投资，对短期不再有显著影响，但是融资约束程度达到一定程度时，企业必须用这部分收益性补助来补亏，以避免财务报表的亏损，所以又会影响到盈利能力指标总资产报酬率 ROA，故收益性政府补助的影响变得显著。由于中融资约束样本企业行为的复杂性，H_{2a}只得到了部分验证。

(2)融资约束下政府补助对企业长期成长的影响

将总样本 TobinQ 值的数据滞后一期，其它变量不变。将融资约束值(FCI)降序排列，将后 33%的样本划入低融资约束样本，前 33%的样本划入高融资约束样本，中间的划入中融资约束样本，并且将样本代入回归模型(3)进行检验，结果如表 5-6 所示。

表 5-6 模型(3)回归结果

变量	总样本	低融资约束样本	中融资约束样本	高融资约束样本
(常量)	6.782***	6.118***	4.876***	7.362***
	(12.369)	(5.278)	(5.714)	(9.543)
ReturnSUB	−0.094	−0.201	−0.132	−0.072
	(−0.908)	(−1.144)	(0.444)	(−0.458)

变量	总样本	低融资约束样本	中融资约束样本	高融资约束样本
AssetSUB	0.354*** (3.725)	0.511** (3.069)	0.168 (1.085)	0.174 (1.208)
SIZE	−0.233*** (−8.295)	−.227*** (−3.779)	−0.171*** (−4.135)	−0.258*** (−6.605)
LEV	−0.024*** (−11.885)	−0.013* (−2.461)	−0.013*** (−3.596)	−0.026*** (−8.888)
NPM	0.011*** (4.773)	0.049*** (6.888)	0.012* (2.327)	−0.012*** (−4.985)
CR	−0.019** (−2.114)	−0.034** (−2.593)	−0.026 (−1.070)	−0.013 (−0.674)
AGE	0.016** (3.016)	0.010 (1.200)	0.042*** (4.618)	0.029*** (3.348)
AreaDUM	−0.026 (−0.434)	−0.033 (−0.267)	−0.009 (−0.107)	−0.078 (−0.988)
TecDUM	0.359*** (6.270)	0.362** (3.159)	0.396*** (4.872)	0.100 (1.230)
Adj−R^2	0.317	0.284	0.164	0.289

注：括号内为 t 值，*、**、*** 分别表示 10%、5%、1%水平上显著。

模型(3)总样本的结果除去收益性政府补助与区域虚拟变量，全部通过了显著性检验。其中，模型拟合度 Adj−R^2 等于 31.7%，说明模型拟合度较好。资产性补助政府补助的系数为 0.354，说明资产性政府补助对企业长期成长为正向促进效应，从而验证了假设 H_{1b}。

回归结果显示，资产性政府补助能够增正向促进企业的长期成长，在上述相关性判断中收益性政府补助与长期成长也是正相关，但是从回归结果中我们可以判断，收益性政府补助的系数为−0.094，其实与企业长期成长是负相关的，并且显著性较弱，说明收益性政府补助的系对企业长期成长并无正向促进作用，甚至还有抑制作用，因为收益性政府补助的补亏性质，对企业的长期成长并无益处。而从长期来看,资产性补助直接为企业研发投资项目投入提供了直接性的帮助,对企业产品技术的发展提供了后盾力量,所以资产性政府补助对企业长期成长有促进作用。

由控制变量可以看出,规模较小、年龄较大、销售能力较强的企业在模型中,长期成长性较为显著。从高技术行业的角度,系数来看,企业长期成长与高技术虚拟行业变量呈正相关的关系,说明高技术行业中,因为获取了较多的资产性补助,所以提高了长期成长能力。在本模型中,区域虚拟变量并未通过显著性检验,但是从系数中我们可以看到,中西部的企业在获取资产性补助后,相对于东部企业长期成长能力得到一定的提高。

由表 5-6 可以看出,融资约束由低到逐渐加深时,资产性政府补助的系数由 0.511 到 0.168 变化为 0.174,基于企业融资约束指数差距太大,中融资约束样本的融资约束指数偏高,该种分组会对结果造成一定影响,所以大致可以认为系数是逐渐增加的。而高融资约束样本与中融资约束样本资产性补助的显著性没有通过,说明低融资约束下,企业内部没有足够资金进行研发或者生产过程活动,政府所提供了资产性政府补助,进而刺激企业研发投入,促进企业的长期成长性;但是随着企业所受融资约束程度的提高,企业能够获得资金不断减少,即便政府提供了资产性补助,但是因为企业内外部无法获得投入的资金,也无力进行研发投资活动,因而影响了企业的长期成长性。由此验证了 H_{2b}。

(3)稳健性检验

考虑到变量选取的适应性,本书将模(2)中的被解释变量总资产报酬率 ROA 代替为净资产收益率 ROE,将模型 2 中的被解释变量 TobinQ 值代替为总资产同比增长率,解释变量都不变,代入 SPSS24.0 进行稳健性检验。

表 5-7 稳健性检验

变量	模型(2)	模型(3)
(常量)	13.370 *** (4.312)	134.747 *** (3.356)
ReturnSUB	0.613 ** (3.101)	−13.298 * (−1.778)

变量	模型(2)	模型(3)
AssetSUB	0.086 (0.234)	18.673 ** (2.664)
SIZE	−0.838 *** (−5.261)	−7.145 *** (−3..489)
LEV	0.148 *** (11.603)	0.579 *** (3.911)
NPM	0.986 *** (65.498)	0.567 *** (3.444)
CR	−0.456 *** (−7.253)	−0.426 (−0.646)
AGE	−0.059 * (−1.766)	−0.090 (−0.229)
AreaDUM	1.115 ** (2.953)	−2.795 (−0.640)
TecDUM	−0.678 * (−1.884)	12.513 ** (2.984)
Adj−R^2	0.681	0.039

注：括号内为 t 值，* 、** 、*** 分别表示 10%、5%、1%水平上显著。

由表 5-7 可以看到，模型(2)的回归结果与之前的结果相同，模型(2)变量除资产性政府补助外均通过了显著性检验，企业年龄显著性变弱，高技术产业虚拟变量显著性较强，不过对总体结果影响不大；模型(3)的回归结果与之前的结果相比，有一些控制变量显著性没有通过，资产性政府补助的相关性变弱，不过依旧对企业长期成长呈正向线性作用。因此，可认为实证结果是稳健的。

5.3.4　实证结果分析

在运用了 2010—2016 年我国中小板科技型上市公司样本，实证分析了融资约束下政府补助对企业成长性的促进作用及相关性分类角度下政府补助作用途

径后,主要得出以下几个结论;

第一,目前阶段我国中小科技型企业普遍存在融资困境问题,且融资约束下企业的成长性会受到制约,政府补贴与融资约束呈显著负相关。但是,在企业存在融资约束的情境下,政府补贴释放出不同的信号可能有不同的效用。探讨什么样的政府补贴如何才能促进当前融资约束企业的成长,还需要进一步从政府补贴相关性分类计量的角度进行细化分析。

第二,描述性统计分析结果表明,样本企业的资产性政府补助均值小于收益性补助,可见我国中小科技型企业目前资产性补贴的比重还是占比小,政府帮助上市企业弥补亏损的动机仍未转变。

第三,相关性分析与回归分析均表明政府补助对企业成长性有促进作用。相关性分类下的政府补助分别通过两种途经促进企业的成长性:一方面,收益性政府补助直接增加企业可用资金,弥补了企业的短期亏损,促进了企业的短期成长,但是这部分资金由于政策目的性强,或企业自身存在不当地申请政府补贴的情况,并未投入到企业的研发创新、生产活动中去,所以对企业的长期成长无显著影响;另一方面,资产性政府补助虽然并没有直接给予企业很多可用资金,但是通过设备等固定资产或者科技拨款直接对企业的投入项目进行支持,降低企业研发投资的外部融资需求,促进了企业的产品创新或者产业更新,促进了企业的长期成长,资产性政府补贴由于主要是与固定资产或者技术项目有关,可用于他处的资金少,并且周期长,所以对企业的短期成长无显著影响。

第四,样本分类的回归结果表明,融资约束程度逐渐加深时,政府补助对企业成长的正向促进作用越弱;融资约束程度较严重的情况下,收益性政府补助对企业短期成长的作用较明显;在中等融资约束样本中,收益性政府补助对企业行为的影响较为复杂。融资约束程度越高,企业没有足够资金进行研发或者生产过程活动的情况下,无论是收益性政府补助或者资产性政府补助对企业成长的作用都将显著减弱,再一次验证了融资约束对企业成长的抑制性;当企业所受融资约束程度较高时,企业由于融资成本原因只能依赖于内部资金,此时收益性政府补助降低了企业的融资成本,提供了可用资金,避免了亏损,提高了企业的盈利能力,促进了短期成长;中等融资约束情况下,企业投资行为的影响较为复杂,企业将收益性补助用作自有资金做出其他投资如研发投资等长期投资,对短期盈利能力的影响不再显著，也可能是企业存在不当申请政府补贴的情况，打压了其他企业的积极性。

5.4　结论与政策建议

5.4.1　主要结论

在构建融资约束、政府补贴及企业成长的框架上，探讨并证明了政府补助政策作为国家进行宏观调控及资源配置的主要手段，在融资约束条件下对企业成长发挥的重要作用。政府补助通过直接提供资金，刺激了企业的再生产以研发投入活动，优化了企业资源配置，促进了企业成长；政府补助的对象，一定程度上反映了政策扶持方向及国家产业发展的信号，降低了信息不对称程度，增加了企业获得的外部投资，从而使企业融资约束得到缓解，促进企业成长。通过对相关性分类下的政府补助的影响分析，可以使外部投资者获得预示未来政策扶持方向的补助信息，降低外部与企业之间信息不对称程度，进而提高投资者的投资意愿。实证研究结论表明，收益性政府在企业面临融资约束时有短期缓解作用，资产性政府补助对企业研发创新能力有长期促进作用，融资约束程度加深时，政府补助的正向作用减弱，结合本书结论，相关部门能更好地根据企业当前的经营状况制定针对性的补助政策。企业在获得政府补助后可能存在挪用的行为，使得企业丧失改善经营、节约成本、加大研发力度的积极作用，所以政府必须对补助进行有效的监督和审查以达到理想的补助效果。

5.4.2　政策建议

从政府补贴的相关性分类着手，剖析了融资约束下政府补助对企业成长的正向作用，并验证了收益性政府补贴与资产性政府补贴分别对企业短期成长、长期成长的作用，研究结论对解决企业融资问题、提高政府补贴针对性等问题具有很强的现实意义，依据结论分别从企业和政府方面提出以下建议。

(1)企业需要积极申请政府补助，尤其是资产性政府补助。在政府的帮助和支持下，中小科技型企业应该充分、合理、高效地使用政府补助资金，把它真正用到企业的研发活动上，并且结合自身发展的需求，充分利用收益性和资产性政府补助，在尽量避免亏损的情况下，保持持续的资金投入，确保企业进行研发项目活动的前提条件，只有这样才能实现“量”与“质”的同步增长。这不但有利于中小科技型企业自身的发展，而且也有利于整个国家的产业转型。

(2)政府制定补贴政策时应加大倾斜程度，调整中小科技型企业政府补贴的结构布局，从企业成长的长远角度来看，为了促进企业的研发创新活动，应该加大资产性专项补贴力度，并适当向中、西部地区和高技术产业的企业倾斜，并且需要对补助的使用进行有效的监督和审查，以避免企业不当地申请政府补助，打压其他企业积极性；尽管政府补贴能够激励企业的成长性，但是这种激励效应在融资约束情景下并不是一直有效的，政府补贴资金有限，不能满足快速发展的中小科技型企业的资金需求，必须寻求更多的外部融资渠道。政府应不断完善资本市场，力求解决政府与企业之间、投资者与企业之间的信息不对称问题，建立一整套完善的支持中小科技型企业的融资机制，包括创业基金、天使基金、风险投资、知识产权保护等环节，逐步建成能够满足中小科技型企业发展需要并适应我国国情的融资支持体系。

(3)强化企业会计信息披露制度质量，规范企业财务制度。通过对数据的搜集，发现中小板上市科技型企业对政府补助信息的披露非常不标准，一些企业由于财务人员素质不高或是财务制度不规范的原因，对政府补贴相关性分类的会计计量不准确，甚至存在计量错误的现象。对于外部投资者来说，这种问题不利于获取企业的真实财务信息；对于监管机构来说，对企业获得的政府补助资金的使用进行监督管理更为困难；对于国内外学者来说，收集相关研究相关的数据很不方便。综上所述，应该强化企业会计信息披露质量，使企业收到的政府补贴信息更加透明、详细、规范。

第六章　融资约束中介效应下金融关联对企业成长的影响

关联关系对企业成长的影响一直都备受上市公司关注。金融关联作为一种重要关系，它对企业成长的影响并不直接，为了更好地研究两者之间的关系，引入融资约束这一中介变量实证分析了金融关联对科技型初创企业成长的影响。选取我国2013—2017年符合筛选条件的创业板科技型上市公司作为样本，采用多元线性回归模型，利用选取的中介变量联系金融关联和企业成长，进而确定金融关联对企业成长的影响。实证结果表明金融关联可以促进企业成长，融资约束在金融关联影响企业成长的过程中起到了中介作用。降低企业的融资约束程度可以提高企业的成长能力，促进企业更好地发展。

6.1　理论分析与研究假设

6.1.1　金融关联对企业成长的影响分析

目前国内外的学者研究过金融关联与企业绩效之间的影响关系，有的学者研究认为若是企业中存在高管的金融关联，这个企业的绩效就能够得到明显提升，而企业绩效可以衡量企业的方方面面，是对企业发展全方位的评价与分析，因此它的某些指标是可以用来衡量企业成长的，企业绩效的提高也在一定程度上体现了企业目前的成长状况。通过实践调研发现，企业建立的金融关联越强，企业绩效提升的程度越显著，因此研究认为金融关联能够有效提高企业的绩效水平，两者是显著正相关的。企业的成长是需要源源不断获取各种各样资源的过程，而高管关联的存在，让企业与金融机构拥有更为紧密的联系，这些金融机构可以给企业提供成长所需要的重要资源。金融关联的存在，拓宽了企业可以获取融资的渠道，帮助企业实现绩效的提升，进而可以促进企业的发展成长。而根据资源依赖的理论，企业的成长本身就需要大量的资源，若是企业想要能够持续的发展的话，它就需要有获取和维持资源的能力，而金融资源对企业来说是至关重要的，而金融关联可以为企业带来更多这样的资源，帮助企业的成长。

不仅如此，企业高管的金融关联还对改善企业财务结构有促进作用，提升企业的财务管理水平，进而影响企业的绩效水平。那些有着金融相关工作背景的人进入企业，帮助企业制定合理有效的投资、融资决策，当企业的经营过程出现什么问题，他们也能用相关知识提出相关的解决方案，促进企业的成长。因此，根据以上的分析还有参考上文所提到的国内外文献，提出第一个假设：

H_1：金融关联对企业成长具有促进作用

6.1.2 高管金融关联对融资约束的影响分析

关系对企业来说是十分重要的，它可以作为一种有效资源，为企业创造出新的价值。高管的金融关联利用了有金融背景的高管与金融机构建立的良好关系，为企业提供方便。存在这样的关系从多方面帮助企业成长，它通过拓宽企业的融资渠道，让企业有更为广泛的融资选择。它也可以帮助企业改变一些金融机构的想法，让这样的机构做出不同的决策，不仅如此它还可以帮助企业缓解或解决银行信贷歧视问题，以此可以让企业拥有一个更加良性的融资环境，进而达到缓解企业融资约束的目的。

许多研究表明，有金融机构工作背景的这类高管与银行建立的良好关系可以缓解企业所面临的融资约束问题，原因主要有几点：一是高管关联可以让银行和企业更好的进行沟通；二是这样的关系加强了银行对企业的信任程度，银行更加信任该企业，自然该企业获取融资也变得相对容易。不仅如此，具有金融背景的高管，还可以利用自己的相关金融知识为公司制定更加合理有效的融资方案，提高公司的融资效率。那些在银行有工作经历的高管往往非常了解银行信贷申请的流程，对银行风险控制的衡量标准也比较了解，可以帮助企业取得银行的信赖，更容易获取贷款。除此之外，那些有证券、信托、基金等金融机构工作经验的高管，他们更加了解融资政策，因此也能更好地把控融资所需要的种种条件，能够有效地协助企业获取融资。

信息不对称作为影响融资约束程度的一个主要原因，一个企业若是存在高管关联现象，那么该企业与金融机构可以更好地进行信息沟通，信息可以在两者之间高效流通，这样一来，信息不对称的问题便可以得到有效改善。有相关研究已经证实，政治关联这种关联关系可以帮助企业提高影响力以及外界对企业的信任程度。金融关联和政治关联同样作为一种关联关系，只是它们所表示的高管背景有所差异，它也可以让那些提供资金的部门更加容易获取企业的相关信息并信任企业，比如企业的经营现状、发展计划、投资情况等信息。这样一来，信息不对称问题可以得到缓解，双方的信息流通更顺畅，与没有金融关联的时候相比较，金融机构取得企业信息需要花费的成本可以大大降低，代理问题可以得到有效改善，企业融资约束也因此得到缓解，由此提出第二个假设：

H_2：金融关联能有效缓解上市公司所面临的融资约束问题

6.1.3　融资约束对企业成长的影响分析

从研究融资约束与企业成长两者关系的国内外文献中，可以看出企业的融资能力对于企业成长来说是不可忽视的一种能力，但是因为融资约束的存在，使得企业更多依赖于内部融资，而因为高成本而放弃了外部融资，失去了一些很好的投资机会。不仅如此，融资约束还会影响企业的规模扩张、创新、技术提升等方面，可见融资约束对企业成长的影响是直接的。融资约束程度高就意味着企业获取融资的途径少，获取融资困难，那么企业就不能通过融资获取充足的资金来支持自身的正常经营活动，也不能推动企业的良性成长。

随着技术的持续发展以及企业生产规模的逐渐增大，仅仅依靠内部融资，企业已经很难取得足够的资金来满足各方面的需要了，而外部融资是企业获取资金的一种重要手段，因此企业也可以依靠外部融资来获取资金。外部融资包括了直接融资和间接融资，它们是协助企业融资的两种主要方式。其中间接融资就是指企业从银行还有非银行的金融机构获取贷款，这种方式也称作债务融资。较小的融资约束可以促进债务融资的进行，债务融资要求企业要按照规定还本付息，在一定程度上可以减少管理层可以自由使用的资金，在一定程度上起到了制约和管理管理层行为的效果，这样可以对企业的发展产生积极的作用。但是一旦融资约束程度过于严重，企业就很难再获取足够的贷款，那么就会失去债务融资这种手段对企业成长的积极效用。根据以上分析，提出第三个假设：

H_3：融资约束与企业成长显著负相关

6.1.4 融资约束的中介效应分析

企业的发展是离不开金融资源的，融资能力是企业的重要能力之一，它影响着企业的方方面面。如果融资缺乏，企业的投资需求得不到相应满足，企业会因此而失去最佳的投资机会。不仅如此，企业正常的规模扩张、研发创新、技术改进都会受到不同程度的影响，企业的成长会受到影响。金融关联并不是直接作用于企业成长，它是通过影响企业的融资，进而影响企业的成长，金融关联能够影响企业的融资约束，而融资约束又会进一步的作用于企业成长。一个企业若是面临融资约束，那么它的财务状况会受到影响，企业的正常生产经营活动就无法有序地进行，企业很有可能会面临倒闭的风险。那么金融关联作为一种有效手段，有此关联的企业雇佣有金融背景的人员进入企业帮助企业开展融资，能够有效缓解企业的融资约束问题，使企业能够更容易获取银行贷款等，提高了企业获取贷款的可能性，拓宽了企业获取融资的途径，加强企业与金融机构的信息流通。不仅如此，拥有这样条件的高管还可以帮助企业改善融资结构，作出合适、有效、符合企业成长的投资决策，帮助企业更好地成长。可见融资约束的确在三者之间起到了一个中介作用。因此提出第四个假设：

H_4：融资约束在金融关联影响企业成长的过程中起到中介作用

6.2 变量选取与模型构建

6.2.1 样本选取与数据来源

选取 2013—2017 年创业板科技型上市公司作为研究样本，在原样本的的基础上剔除不存在的企业或者企业高管资料、企业托宾 Q 值数据不完整或者缺失以及其他控制变量数据不完整或缺失的企业，最终获得了创业板 247 家上市企业五年的各项数据。研究所用到的数据主要来自于国泰安和同花顺数据库，其中自变量高管关联的数据则是通过查看国泰安中高管资料，由手工统计得出。实证分析使用 EXCEL2010 进行数据处理和分析，运用 Stata14 进行描述性统计、相关检验和回归分析。

6.2.2　变量选取与界定

(1)被解释变量

被解释变量是企业成长，用变量符号 Growth 来表示。目前用来衡量企业成长性的指标主要有两种，第一种是单指标法，单指标法衡量的标准主要有净利润增长率、托宾 Q 值、销售增长率、总资产增长率等。第二种方法是综合指标法，这种方法的指标选取需要用到因子分析法、聚类分析法、主成分分析法等等较为复杂的方法来得出一个可以用来体现企业成长能力的综合指标。

本书最终选择使用托宾 Q 值这一单一指标来衡量企业的成长，选用此指标的原因主要有：第一是参考以往相关研究企业成长的文献，笔者发现托宾 Q 值是很常用的可以用来衡量企业成长的指标，它是十分实用的。第二是因为若是企业的成长性很好，企业的价值会发生变化，它的托宾 Q 值也会有所变化，这种变化可以通过数据来具体衡量。第三是因为这个指标易操作把控，数据的来源可靠，可以得出较为准确的值，这样衡量企业的成长也较为准确。

(2)解释变量

解释变量为金融关联中的高管关联，用变量符号 Ea 来表示。当一个企业的高管具有金融背景时，这样的高管可以帮助企业显著提高企业的融资效率，降低融资约束程度，其中因为高管关联而存在的银行与企业关系所产生的融资优势相对更加的明显。因为高管关联不方便用具体的指标来衡量，因此引入哑变量。本书构建高管关联的虚拟变量，用 Ea 符号来表示，当企业中存在高管关联，即存在有金融背景的高管时，变量赋值为 1，如果不存在高管关联，变量则赋值为 0。

(3)中介变量

融资约束的变量符号用 FC 来表示，用来衡量融资约束的指标分为单变量衡量指标和多变量衡量指标，单变量衡量指标有股利支付率、利息保障倍数、公司规模、其他指标等，而多变量的指标则有 KZ 指数、ZFC 指数、WW 指数等。

研究选择 SA 指数，有国外学者研究发现企业规模(Size)和企业的年龄(Age)是衡量融资约束水平很好的有效指标，其他多变量的衡量指标，需要众多财务指标才能构建起来，过程非常的繁琐。而 SA 指数则是参考 KZ 指数的基本方法，首先先根据企业的财务报告定性地划分企业不同的融资约束类型，然后仅使用企业规模和企业年龄两个变量构建该指数，因为时间变化对这两个变量的影响不太大，并且它们具有很强的外生性。而企业规模一般都是选公司总资产的自然对数来衡量，而企业年龄则是按照企业创立时间开始计算得出的。根据 Hadlock 和 Pierce 的研究结果，SA 指数越高，说明企业面临的融资约束问题就越严重，融资约束程度越高。该指数因为只用到了企业年龄和企业规模的数据，数据比较容易收集，并且整个计算表达式中也并没有其他的内生变量的干扰，总的来说它具有的这些优点，使操作相对容易一些，可以把控。SA 指数的具体表达式是：

$$SA = -0.737\ln Size + 0.043(\ln Size)^2 - 0.040Age \qquad (6-1)$$

式中：Size 指企业的规模大小用企业总资产表示；而 Age 则指的是企业的年龄。由公式(6－1)可以看出 SA 衡量指数是用企业规模的自然对数和企业年龄共同计算得出的，因此需要搜集创业板企业的总资产和年龄数据，这些数据均是从同花顺以及国泰安数据库获取的。

(4)控制变量

影响企业成长的因素有很多，在前人研究的基础上，对控制变量进行以下的设置，主要设置了三个控制变量，分别是资产周转率、高管规模还有股权集中度。资产周转率用营业收入除以资产总额期末余额来表示，该值反映了企业资产运营效率，而这一效率同样会影响企业的发展和成长，用变量符号 ATA 来表示。高管规模用企业中高管团队成员总数来表示，有研究表明企业中高管团队规模的大小和企业成长是呈现正相关关系的。上市公司若有一个庞大的团队，就可以降低企业所面临的风险，因为大的团队意味着高管人数众多，每一个高管看待公司问题的视角会有所不同，更能够集思广益，发现企业内部控制的漏洞。不仅如此，大规模高管团队可以帮助企业作出更好的决策，促进企业的成长。因此引入该变量，用变量符号 Es 来表示。股权集中度本书用第一大股东持股比例来衡量，现在已有相关文献研究了第一大股东持股比例对企业成长的影响。大股东持股比例增加可以促进企业的成长，因为大股东持股比例的提高，让那些监督管理者的收益得到增加，这样更加激励了大股东，促使他们更好地治理企业，从而带动企业发展；相反则不利于企业的成长。在一定条件下，第一大股东持股比例与成长呈现负相关，因此第一大股东持股比例是一个干扰变量会影响企业的成长，本书变量符号用 Shareholder 来表示。

研究所用到的变量以及其符号如表 6-1 所示。

表 6-1　变量选取汇总表

变量类型	变量名称	变量符号	具体定义
被解释变量	企业成长	Growth	用托宾 Q 值来衡量企业成长，市值/资产总计来表示
解释变量	高管关联	Ea	当一个企业中有曾经有在金融机构工作经历的高管时，Ea=1，否则为 0
中介变量	融资约束	FC	用企业规模 Size 和企业年龄 Age 代入公式(4—1)式子计算出的 SA 指数衡量
控制变量	资产周转率	ATA	营业收入/资产总额期末余额
	高管规模	Es	高管团队成员总数
	股权集中度	Shareholder	第一大股东的持股比例

6.2.3　模型构建

为了研究金融关联对企业成长的影响机制，根据变量的选择和假设的提出，本书应该从高管关联和融资约束整体对企业成长的影响、高管关联对融资约束的影响以及融资约束在影响过程中的中介作用这三方面入手，由此构建适合本书思路的模型，本书运用的模型为多元线性回归模型，该模型主要用于研究多个变量对同一个变量的影响。

模型(1)以高管关联为解释变量，以企业成长为被解释变量，考察高管关联和企业成长之间的相互关系，检验前者是否可以促进后者，这个可以用来验证 H_1。模型(2)在模型(1)的基础上加入了融资约束这一个中介变量，得出的高管关联和企业成长的回归系数与模型(1)中的回归系数进行比较，可以用来验证融资约束的中介作用，该模型可以用来验证 H_3 和 H_4。而模型(3)则是用来检验高管关联和融资约束之间的关系，这个模型用来验证假设 H_2。模型如下：

模型(1)

$$Growth = \alpha_0 + \alpha_1 Ea + \alpha_2 ATA + \alpha_3 ES + \alpha_4 Shareholder + \varepsilon \quad (6-2)$$

该模型中 α_1、α_2、α_3、α_4 分别为变量高管关联、资产周转率、高管规模以及第一大股东持股比例的回归系数，此模型主要检验高管关联对企业成长的影响，其余变量均为控制变量。

模型(2)

$$Growth = \beta_0 + \beta_1 Ea + \beta_2 FC + \beta_3 ATA + \beta_4 Es + \beta_5 Shareholder + \varepsilon \quad (6-3)$$

该模型中 β_1、β_2、β_3、β_4、β_5 分别为变量高管关联、融资约束、资产周转率、高管规模、第一大股东持股比例的回归系数，此模型主要检验融资约束对企业成长的影响，以及变量融资约束的中介作用。

模型(3)

$$FC = \gamma_0 + \gamma_1 Ea + \gamma_2 ATA + \gamma_3 Es + \gamma_4 Shareholder + \varepsilon \quad (6-4)$$

该模型中 γ_1、γ_2、γ_3、γ_4 分别为高管关联、资产周转率、高管规模以及第一大股东持股比例的回归系数，此模型主要检验融资约束与高管关联的关系。

6.3 实证分析与结果分析

6.3.1 描述性统计分析

为了更好地观察和分析金融关联中高管关联对企业成长的影响，先统计了整个样本的相关数据，然后再根据高管关联这一虚拟变量，将数据细分为有高管关联组和无高管关联组两组，然后将两组进行比较，表 6-2、表 6-3、表 6-4 分别表示全样本组、无高管关联组和有高管关联组的变量数据。

表 6-2　总样本的描述性统计

变量	平均数	中位数	标准差	最大值	最小值
Growth	3.4503	2.8424	2.4301	24.9405	0.4815
Ea	0.1725	0	0.3779	1	0
SA	3.4244	3.3175	0.8880	7.2157	1.3024
ATA	0.3964	0.3667	0.2318	1.6461	0.0007
Es	6.2154	6	2.2460	16	1
Shareholder	0.3047	0.2775	0.1254	0.6887	0.0438

从表 6-2 的全样本角度来看，自变量 Ea 的均值为 0.1725，这个数据表明创业板上市企业中高管中有金融从业背景的样本占全部样本的 17.25%。反映企业成长能力的托宾 Q 值的平均值是 3.4503，标准差和中位数分别为 2.4301 和 2.8424，它的最大值为 24.9405，最小值为 0.4815，可见托宾 Q 值在企业中还是会有较大的差距，两级差异比较明显。而用来衡量融资约束水平的 SA 指数平均值为 3.4244，最大值为 7.2157，最小值为 1.3024，它的中位数为 3.3175，显示样本创业板上市企业中所面临的融资约束水平为 33.175%，可见融资约束的确是中小科技型企业中存在的不可忽略的重要问题，最大值为 7.2157，最小值为 1.3024，从数值上来说，差异总体并不是很大。样本公司的高管规模平均约为 6，最大值为 16，最小值为 1，可见样本公司间高管规模也存在较大的两级差异。而从表中可以看出，样本公司中的第一大股东绝对持有股份的的情况较少，并且持股比例分布是从 4.38% －68.87%之间，跨度比较大股权总体呈现相对分散的状态。

表 6-3 和表 6-4 分别为无高管关联组和有高管关联组。

表 6-3　无高管关联

变量	平均数	中位数	标准差	最大值	最小值
Growth	3.0985	2.6967	1.8101	12.5516	0.4815
Ea	0	0	0	0	0
SA	3.5372	3.4292	0.8882	7.2157	1.8877
ATA	0.3960	0.3667	0.2296	1.6461	0.0060

变量	平均数	中位数	标准差	最大值	最小值
Es	6.2299	6	2.2374	16	1
Shareholder	0.3037	0.2773	0.1238	0.6887	0.0438

表 6-4　有高管关联

变量	平均数	中位数	标准差	最大值	最小值
Growth	5.1382	3.7976	3.8905	24.9405	0.8464
Ea	1	1	1	1	1
SA	2.8832	2.8826	0.6594	4.8423	1.3024
ATA	0.3982	0.3680	0.2429	1.5210	0.0007
Es	6.1455	6	2.2908	13	1
Shareholder	0.3094	0.2786	0.1329	0.6517	0.0438

结合表 6-3 和表 6-4，我们发现在无高管关联现象时，样本企业的平均托宾 Q 值为 3.0985，而存在高管关联的企业中平均托宾 Q 值为 5.1382 明显大于前者，可见企业相对成长的更好。不仅如此，不存在高管关联的企业其融资约束指数 SA 的平均数为 3.5372. 而存在高管关联的企业其融资约束指数 SA 的平均数为 2.8832，其值低于前者，可见高管关联对融资约束程度有一定的抑制作用。

在表 6-3 和表 6-4，无高管关联样本企业高管规模平均值为 6.2299，而有高管关联的高管规模平均值为 6.1455，两者差不多。无高管关联时，第一大股东持股比例的平均值为 30.37%，而有高管关联时第一大股东持股比例的平均值为 30.94%，两者也相差不多。

6.3.2　变量的多重共线性检验

(1)相关系数矩阵

以下的表 6-5 为相关系数矩阵，该矩阵用来检验变量之间是否存在多重共线性。

表 6-5　相关系数矩阵

	Growth	Ea	SA	ATA	Shareholder	Es
Growth	1.0000					
Ea	0.3172	1.0000				
SA	−0.3732	−0.2784	1.0000			
ATA	0.0121	0.0035	−0.1009	1.0000		
Shareholder	0.0666	0.0170	−0.1501	0.0798	1.0000	
Es	−0.1206	−0.0142	0.2170	−0.0621	0.0206	1.0000

利用相关系数矩阵，两个变量之间的关系若是越强，那么该系数就越接近1，表中的系数可以表示两个变量之间是否具有多重共线性。目前的研究中都普遍认为变量之间的系数小于 0.5，那么该模型中的变量之间的存在多重共线性的概率就越小，那么就可以认为变量之间不存在会影响结果的多重共线性关系。表 5-4 可以看出两两变量之间的系数绝对值都小于 0.5，其中系数绝对值最大的也就是 0.3732，该值也小于 0.5，所以我们可以认为该模型中不存在多重共线性关系。

(2)方差膨胀因子 VIF

表 6-6　方差膨胀因子 VIF

variable	VIF	1/VIF
Growth	—	—
Ea	1.09	0.919059
SA	1.18	0.849028
ATA	1.02	0.983066
Shareholder	1.03	0.969244
Es	1.06	0.945726
Mean VIF	1.07	—

在面板数据相关性检验中，方差膨胀因子 VIF 也是经常用到的检验方法，该方法的判断依据是当该变量的 VIF 值不超过 10 并且变量 VIF 方差膨胀因子的均值不超过 3，则认为变量之间不存在多重共线性问题。从表 5-5 中我们可以看出，所有变量的 VIF 值都不超过 2，远远小于 10，且 VIF 均值为 1.07，该值小

于 3,所有的数值都处在 VIF 的合理区间,因此我们可以确定本书模型中的变量不存在多重共线性问题。

6.3.3 多层次回归结果分析

(1)多层次回归流程

本书利用三个模型,先检验模型(1)中的系数 α_1,若该系数为正且显著那么假设 H_1 可以得到证明。然后检验模型(3)中的系数 γ_1,若该系数为负且显著,那么假设 H_2 得到证明。最后检验模型(2)中的系数 β_1 和 β_2,如果 β_2 为负且显著,那么假设 H_3 得证,如果 β_1 为正且该值小于 α_1,那么 H_4 得证,检验流程如图 6－1 所示。

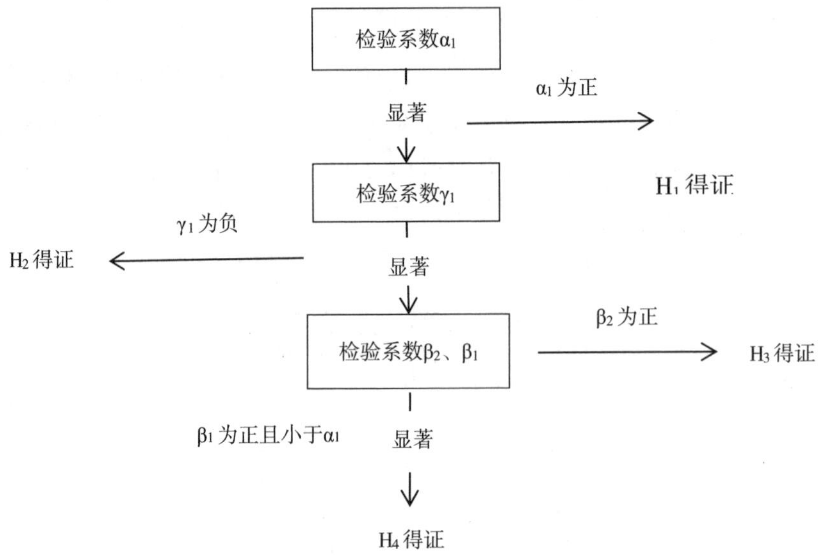

图 6-1 回归分析检验流程

(2)高管关联对企业成长影响的实证分析

以表 6-7 为模型(1)的固定效应与随机效应回归模型相关结果,该表罗列出两种回归模型的各变量回归系数以及 R－squared、F 值、Wald 值。

表 6-7　模型(1)固定效应与随机效应回归模型

	固定效应	随机效应
Ea	1.4570*** (7.55)	1.7141*** (9.90)
ATA	2.4981*** (4.67)	0.8113** (2.26)
Shareholder	1.3263(1.05)	1.4127** (1.99)
Es	−0.1597*** (−4.42)	−0.1464*** (−4.73)
样本数	1235	1235
R−squared	0.1001	0.1292
F 值/Wald 值	27.38	132.95

注释：* 表示 p<0.10，** 表示 p<0.05，*** 表示 p<0.01。

首先运用模型(1)对总体样本进行实证分析回归分析高管关联对企业成长的影响，此时模型中还没有加入融资约束这一中介变量，我们可以通过该模型初步判断高管关联和企业成长之间的关系，分别对选取的面板数据进行固定效应和随机效应回归如表 6-7，可见两种回归模型的相关系数，样本总数是 1235。利用霍斯曼检验，得出结果如表 6-8。

表 6-8　模型(1)霍斯曼检验

变量	fe	re	difference	S. E
Ea	1.4570	1.7141	−0.2570	0.0889
ATA	2.4981	0.8112	1.6869	0.4038
Shareholder	1.3263	1.4127	−0.0864	1.0613
Es	−0.1597	−0.1464	−0.0133	0.0193
cons	2.7974	3.3126	−0.5152	0.3315
chi2(5)=25.82				
prob>chi2=0.0001				

从上表 prob>chi2=0.0000 可知应该拒绝原假设，即拒绝随机效应回归模型假设，选择固定效应回归模型，其效果优于随机效应模型，该模型的 F 值为 27.38，拟合优度为 0.1001。该模型形式为：

$$Growth = 1.4570Ea + 2.4981ATA + 1.3263Shareholder - 0.1597Es + 2.7974 \quad (6-5)$$

对模型(1)回归结果进行分析,高管关联的系数 $\alpha_1=1.4570(p<0.01)$ 显著为正,说明高管关联有利于提高企业的托宾 Q 值,促进企业的成长,则支持假设 H_1,即高管关联对企业成长具有促进作用。资产周转率与托宾 Q 值显著正相关,说明一个企业的资产运营效率越高,那么企业的托宾 Q 值就越大,而企业的高管规模与企业成长显著负相关,即一个企业中高管规模越大,那么这个企业的成长性就越低。

(3)融资约束的中介作用实证分析

以下表 6-9 为模型(2)的固定效应与随机效应回归模型,该表罗列出两种回归模型的各变量回归系数以及 R－squared、F 值、Wald 值。

表 6-9　模型(2)固定效应与随机效应回归模型

	固定效应	随机效应
Ea	1.2608*** (6.57)	1.3777*** (8.00)
SA	－0.9055*** (－6.24)	－0.8297*** (－8.97)
ATA	1.5090*** (2.75)	0.2460(0.71)
Shareholder	－2.9616** (－2.09)	－0.1223(－0.18)
Es	－0.1291*** (－3.61)	－0.0939*** (－3.08)
样本数	1235	1235
R－squared	0.1664	0.2500
F 值/Wald 值	30.53	222.88

注释: * 表示 p<0.10, ** 表示 p<0.05, *** 表示 p<0.01。

模型(2)中加入融资约束 FC 这一中介变量,该模型得出相关系数与模型(1)中的系数相比较,可以研究融资约束是否在高管关联影响企业成长的过程中起到中介作用,并且也可以通过该模型判断融资约束与托宾 Q 值的关系,以此得出它与企业成长的关系。对所选取的模型进行固定效应回归和随机效应回归,如表 6-9。利用霍斯曼检验,得出结果如表 6-10 所示。

表 6-10　模型(2)霍斯曼检验

变量	fe	re	difference	S. E
Ea	1.2608	1.3777	−0.1169	0.0867
SA	−0.9055	−0.8297	−0.0758	0.1128
ATA	1.5090	0.2460	1.2630	0.4287
Shareholder	−2.9616	−0.1223	−2.8393	1.2460
Es	−0.1291	−0.0939	−0.0352	0.0192
cons	7.4402	6.5775	0.8627	0.7337
chi2(6)=18.18				
Prob>chi2=0.0058				

从表 6-10 可知，prob>chi2=0.0058 可知应该拒绝原假设，即拒绝随机效应回归模型假设，选择固定效应回归模型，其效果优于随机效应模型，该模型的 F 值为 30.53，拟合优度为 0.1664。该模型形式为：

$$Growth = 1.2608Ea - 0.9055FC + 1.5090ATA - 2.9616Shareholder - 0.1291Es + 7.4402 \quad (6-6)$$

对模型(2)回归结果进行分析，系数 β_1 的值为 1.2608($p<0.01$)和 β_2 的值为 −0.9055($p<0.01$)，融资约束的确与企业成长显著负相关，即说明 SA 指数越大，那么它所反映的融资约束程度越高，那么反映企业成长的托宾 Q 值就越小，企业成长能力就越弱，假设 H_3 得证。此时高管关联与企业成长为显著正相关，比较模型(1)和模型(2)的系数，我们可以发现，当模型中加入融资约束这一中介变量后，高管关联对反映企业成长的托宾 Q 值的回归系数由原来的 1.4570 下降到了 1.2608，但是高管关联依旧在 1%的水平上显著。这说明融资约束在高管关联影响企业成长的过程中仅仅起到了部分中介作用，说明融资约束的确在整个影响过程中是中介作用，那么假设 H4 得证。对比模型(1)和模型(2)的拟合优度发现 R−squared 从 0.1001 上升到了 0.1664，说明加入融资约束 FC 这一中介变量后，高管关联和融资约束对因变量有 16.64%的解释能力，这也说明了融资约束在高管关联影响企业成长的过程中起到了中介作用，更加证明了假设 H_4。

(4)高管关联对融资约束影响的实证分析

以表 6-11 为模型(3)的固定效应与随机效应回归模型，该表罗列出两种回归模型的各变量回归系数以及 R－squared、F 值、Wald 值。

表 6-11　模型(3)固定效应与随机效应回归模型

	固定效应	随机效应
Ea	－0.2167 *** (－5.21)	－0.2775 *** (－6.54)
ATA	－1.0922 *** (－9.47)	－0.9548 *** (－8.99)
Shareholder	－4.7352 *** (－17.35)	－3.3511 *** (－14.43)
Es	0.0338 *** (4.35)	0.0433 *** (5.52)
样本数	1235	1235
R－squared	0.3698	0.3578
F 值/Wald 值	144.36	448.17

注释：* 表示 $p<0.10$，** 表示 $p<0.05$，*** 表示 $p<0.01$。

模型(3)则用来研究融资约束 FC 和高管关联 Ea 的关系，即自变量和中介变量的关系，对所选取的面板数据进行固定效应和随机效应的回归，如表 6-11。利用霍斯曼检验，得出结果如表 6-12 所示。

表 6-12　模型(3)霍斯曼检验

变量	fe	re	difference	S. E
Ea	－0.2167	－0.2775	0.0608	0.0107
ATA	－1.0923	－0.9548	－0.1374	0.1694
Shareholder	－4.7353	－3.3512	－1.3841	0.1694
Es	0.0339	0.0433	－0.0094	0.0024
cons	5.1271	4.6027	0.5244	0.0246
chi2(5)＝125.10				
Prob＞chi2＝0.0000				

从上表 prob＞chi2＝0.0000 可知应该拒绝原假设，即拒绝随机效应回归模型假设，选择固定效应回归模型，其效果优于随机效应模型，该模型的 F 值为 144.36，拟合优度为 0.3698。该模型形式为：

$$FC = -0.2167Ea - 1.0923ATA - 4.7353Shareholder + 0.0339Es + 5.1271 \qquad (6-7)$$

对模型(3)回归结果进行分析，在 α_1 显著的前提下，γ_1 为－0.2167，且在 1%的水平下显著为负，说明融资约束与高管关联负相关，即存在高管关联，那么融资约束程度的 SA 指数就较小，表明企业所受融资约束程度越低；而不存在高管关联的企业融资约束 SA 指数较大，其融资约束程度就较高，支持假设 H_2，即高管关联可以缓解企业中的融资约束程度。而第一大股东持股比例与衡量融资约束的 SA 指数在 1%的水平下显著负相关。

6.4 结论与对策建议

6.4.1 主要结论

选取我国创业板 247 家科技型上市公司 2013－2017 年的相关数据，实证分析了企业通过聘用具有金融背景高管而形成的金融关联对创业板上市公司企业成长的作用，并引入融资约束作为中介变量，检验了其对创业板上市公司企业成长的独立影响及其对高管金融背景与企业成长关系的中介作用。得出以下结论：第一，高管金融背景对创业板上市公司企业成长具有促进作用，即创业板上市公司雇佣有金融机构工作背景的人员进入高管团队，这些人员能够帮助该企业实现更好地成长；第二，融资约束在高管金融背景与企业成长的关系中发挥了中介作用，即存在高管金融背景能够缓解创业板上市公司的融资约束，融资约束的缓解可以进一步促进企业成长，但只存在部分中介作用，即高管金融背景对创业板上市公司企业成长的促进作用有一部分是通过缓解企业融资约束实现的；第三，高管金融背景能够缓解创业板上市公司融资约束程度，能够帮助企业获取更多资金，拓宽融资渠道；第四，融资约束程度与创业板上市公司企业成长负相关，即融资约束程度越高，企业获取资金难度越大，企业成长越缓慢。

6.4.2 政策建议

根据回归结果，提出以下对策与建议：

第一，企业可以考虑雇佣更多具有金融从业背景的高管来治理公司，他们可以帮助企业更加容易地获取外部融资，同时利用自己拥有的金融知识与技能帮助企业提升企业财务控制的能力，完善企业资金的管理，帮助企业调整融资结构，做出正确有效的决策，这样能够从根本层面上改善企业的财务状况，降低企业所面临的风险，企业的融资能力也可以得到有效提升。本来对于企业来说，是否能够顺利地获取融资对其生存发展是至关重要的，特别是获得足够的外部融资。而如今，我国还处在政治与经济不断深化改革的过程中，无论是资本市场还是金融市场，它们的相关正式制度都还有一定程度的缺失，企业若是想要得到持续的发展，它可以短时期地通过建立金融关联来减少与金融机构之间的信息不对称和代理问题，这样一来可以缓解企业在融资方面所受到的限制，降低企业的财政风险，而类似高管金融关联这样依托“关系”的“非正式制度”可以为企业带来更多便利。

第二，当企业进行高管团队人员招聘时，考虑究竟应该选择怎样的人员加入企业高管团队时，在同等的条件下应当雇佣在金融机构工作时间长的并且拥有丰富经验的应聘人。而在拥有金融机构工作背景的人员和不拥有金融机构工作背景的人员中做选择时，建议企业可以优先考虑那些拥有银行从业背景或者其他金融机构从业背景的人员加入公司的高管团队。

第三，企业还应该比较高管关联所需要的成本和高管关联能够给企业成长带来的价值，尽可能地控制好高管关联的相关成本，以更加充分地利用高管关联的优势促进企业的发展，同时企业也应该思考通过其他的方法来缓解所面临的融资约束问题，从多方面降低融资约束程度，使企业能够拥有更充足的资金发展企业，促进企业更好地成长。

第七章　科技型初创企业研发投入对企业成长的影响

创业板科技型上市公司的成长绩效自创业板开市一直都呈现良好的状态，其高成长性的特点使其备受投资者等利益相关者的关注。高成长性来源于企业的科技创新，技术创新的关键是进行研发投入，研发投入的政策则是由高管直接决定的。为了让高管更关注由研发投入给企业未来带来的收益企业实行了高管持股激励政策。因此采用创业板科技型上市公司 2011－2016 年的数据对研发投入对短期及长期的企业成长产生的影响以及高管持股对研发投入与企业长期成长的关系的调节作用进行研究。研究结果表明研发投入对短期企业成长具有促进作用；研发投入与长期企业成长存在倒“U”型关系，也就是说当研发投入在一定范围内会对长期企业成长起促进作用，当研发投入强度超过 0.3596、研发人员百人规模超过 22.125 之后，随着研发投入的增加研发投入对企业成长起抑制作用，企业成长出现负成长情况。高管持股则对研发投入与企业长期成长的关系具有正向调节作用。

7.1　理论分析与假设提出

研发投入可以分为两个部分，一部分为研发资金投入，另一部分为研发人员的投入。企业的成长也分为短期成长与长期成长，之前的学者并没有分别从企业成长的长短期的角度衡量企业成长而从企业经营者关注企业不同时期成长的角度来说经营者的行为与决策会有很大不同，因而研发投入对于短期企业成长的影响和对于企业长期成长的影响应该是不尽相同的。因此，将研发投入分为研发资金投入强度与研发人员投入两个方面研究研发投入与短期企业成长的关系及与长期企业成长的关系。

7.1.1 研发投入影响企业短期成长的假设

企业成长是指企业内在素质的提升和外在价值网络的优化，通过有效的商业模式、公司战略决策等市场竞争优势实现企业业绩增长的过程，在一定程度上反映了企业的发展潜力。企业成长的关键在于公司能否可持续发展，而确保公司能够在竞争激烈的市场中可持续发展的关键是企业拥有明显优于于其他企业的核心竞争力，企业获得核心竞争力的关键是技术创新，技术创新的关键是要进行研发投入，而以科技创新为支撑的创业板科技型上市公司更加注重研发投入。企业通过不断进行研发投入促使技术创新的顺利进行，研发新产品，为消费者提供不同的新产品、新服务，能够为企业在短期内带来更多的利润，更有利于企业的成长。因此提出如下假设：

H_1：短期内，研发投入对企业成长具有显著的促进作用。

根据文献的梳理，研发投入可以细分为研发资金投入和研发人员投入。研发资金投入为企业进行技术创新研究起到关键的支撑作用，研发资金的增加会为企业的技术创新研究提供优越的条件，从而加强企业的自主开发能力，为潜在进入的企业设置了更高的门槛，为企业自身争取到更大的市场份额，在短期内促进企业的成长。同时，企业自主开发能力的增强不仅能够促使企业生产更多的新产品、新服务满足更广泛的消费需求，提高企业开发新市场的能力，提高企业的收益，从而促进企业的成长；还能够提高吸收先进技术的能力，拥有比同业对手更大的竞争优势，从而促进企业的成长；而且企业自主开发能力的增强还能直接促进企业的成长。因此，虽然在前人的研究中对研发投入与企业成长的关系的研究并不多，但是大部分学者还是认为研发资金投入对企业成长起到促进作用。因此提出如下假设：

H_{1a}：研发资金投入对企业的短期成长具有显著的促进作用。

研发人员投入是从人力资本的角度衡量企业研发投入的。随着生产方式的改变，技术人员对于企业的重要性日益凸显，人力资本逐渐成为一种稀缺资源。根据众多学者的人力资本理论，人员的素质和规模在企业成长中起到了关键的作用，在其他情况一定的前提下企业技术创新活动目标的实现依赖于科技人员的努力程度。技术人员直接决定了创新研究能否成功即产生新产品或新服务，进而决定企业能否在激烈的竞争中获得核心竞争力，企业的核心竞争力使企业在竞争中拥有更多的优势占据更大的市场，获取更多的利润，促进企业的成长。技术创新对于企业尤其是以科技创新作为支撑的创业板科技型上市公司尤为重要，而进行技术创新要有相应的技术人员在进行创新研究的策略制定之后进行实际的实施。因此从短期的角度来看，研发人员投入对企业成长有促进作用。因此，做出如下假设：

H_{1b}：研发人员投入对企业的短期成长具有显著的促进作用。

7.1.2　研发投入影响企业长期成长的假设

对于创业板科技型上市公司来说，公司资源有限，企业进行融资的渠道也有限，而且并不是每一次进行的研发资金的投入都能够有预期的理想的产出即产出代表着新科技的新产品或是新服务，并能够凭借着产出的新产品或是新服务给企业带来更多的收益，增加企业的价值，促进企业的发展。因此对于创业板科技型上市公司这样的中小型公司来说，在初期阶段企业的研发投入会促进企业的技术创新程度的提高，促进企业拥有更多的竞争优势，获取更多的收益，有助于企业的成长，但是到后期，会由于公司资源有限以及研发活动的产生收益存在滞后性而发生虽然提高了企业的技术创新能力但是由于企业内部资源配置不科学导致周转困难无法持续经营等情况，不利于企业的发展。而技术创新程度的改变主要来源于企业研发投入的程度的改变，因此，从长期来看，研发投入对企业成长的关系也应该呈现出倒“U”型的关系。因此提出如下假设：

H_2：长期来看，研发投入与企业成长之间存在倒“U”型关系。

部分学者在研究研发投入时都会将研发投入分成研发资金投入与研发人员投入两部分。研发资金投入对企业的技术创新研究起着关键性的支撑作用，在初期研发资金投入的增加会促进企业不断进行技术创新研究，提高自身的技术创新能力，频繁的研发活动需要有大量的资金作为支撑。但是创业板科技型上市公司融资渠道有限，资金有限，无法在满足长期大规模的研发资金投入的基础上还能满足企业其他方面的资金需求，而且研发活动本身也具有高度的风险，如果在某一阶段出现研发失败而无法产生相应的新产品，产生相应的收益，为企业之后的经营提供足够的现金流，可能会使企业陷入一种产出无法弥补研发资本投入的危机之中，一旦企业面临这种危机，企业的成长会因此遭到阻碍甚至发生倒退，更严重的情况下会发生破产清算的情况，不利于企业的可持续发展。也就是说从长期来看，在一定范围内企业的研发资金的投入会促进企业的成长，但是当企业的研发资金投入超过了一定范围之后，研发资金的投入对企业成长的积极影响就会存在一种溢出效应，阻碍并抑制企业的成长。因此提出如下假设：

H_{2a}：研发资金投入与长期企业成长之间存在倒“U”型关系。

企业聘用研发人员进行技术创新研究能够促进企业形成核心竞争力，为企业创造更多的收益，对企业成长起到促进作用，但是，企业聘用研发人员需要投入一定量的资金来满足研发人员的需求，比如研发人员的薪酬，福利以及研发人员后续的不断培训等，这些会让企业产生一笔不小的费用支出，会冲减研发人员为企业所创造的收益，进而对企业的发展产生影响，对于规模较小、资源有限的创业板科技型上市公司来说这种对企业发展的影响会更加明显。因此，企业的长期发展角度来看，当企业对研发人员的投入在一定范围之内，研发人员为企业所创造的收益会明显超过企业在研发人员身上投入的成本，对研发人员的资金投入会被其为公司所创造的收益弥补，企业的剩余收益可以用于企业未来其他方面的投资或者进行其他的科技创新研发从而为企业创造更多的收益。但是，并不是每一次的研发投入都会有预想的产出，创新研发活动是带有一定风险的，研发失败或者研发出的新产品或新服务不能很好的被市场接受的可能性极大，因此，当企业对于研发人员的投入超过了一定限度之后，由于研发人员的投入所产生的成本对企业收益的增长所带来的抑制作用会越来越明显，会导致企业利润下降，不利于企业的长远发展，对企业成长起抑制作用。也就是说，研发人员投入对企业成长的关系也应该呈现出倒“U”型的关系。因而做出如下假设：

H_{2b}：研发人员投入与长期企业成长之间存在倒“U”型关系。

7.1.3 高管持股的调节作用假设

根据代理理论可知，高管作为受企业所有者委托的代理人，他们只关心直接影响他们收益的企业当期的收益情况，对企业的长期发展并不关注。企业所有者为了解决由这种委托代理的契约关系所带来的代理成本采用了高管持股的激励方式。高管持有一定比例的股权之后高管能够享受到由所持有的部分股权所带来的企业部分剩余收益，这会在一定程度上让高管人员在进行企业经营时更多的关注企业长期成长，有更多的长期行为，所制定的策略更有利于企业的长期发展。而企业能够顺利成长并拥有良好的发展潜力的关键在于企业拥有核心竞争力，核心竞争力的产生来源于企业进行的技术创新研发，研发投入在技术创新研发中起着至关重要的作用。因此，高级管理人员在持有一定比例的股权并更关注企业长期成长之后一定会在企业研发投入的政策上做出调整，会更看重由于企业的研发投入给企业未来带来的收益，更倾向进行更多的研发投入，而且研发投入也会对企业成长产生影响，也就是说高管持股会促进企业的研发投入，企业的研发投入发生变化会直接影响企业的科技创新情况，从而影响企业的核心竞争力的形成，继而影响企业在竞争中优势的形成，影响企业的收益情况，影响企业的成长。即高管持股对研发投入与企业成长的关系具有正向调节作用。因此，做出以下假设：

H_3：高管持股对研发投入与企业长期成长的关系具有正向调节作用。

7.2　研究设计

7.2.1　样本选取与数据来源

创业板科技型上市公司以高成长性为显著特征，利益相关者也因为企业的高成长性而对创业板科技型上市公司给予了很多关注。创业板科技型上市公司通常都是以科技创新为支撑的公司，经常要进行研发活动以向市场提供新产品或新服务并且要通过研发活动形成企业核心技术。因此选择年度报告中连续披露了或者能够通过连续披露的数据计算出2011—2016年研发费用投入、研发人员投入、代表企业成长的变量以及代表高管持股等相关数据信息的创业板科技型上市公司作为研究样本。

所有数据均来自同花顺 iFinD 披露的创业板科技型上市公司的公司资料、

财务数据、年度报告以及财务数据分析等并选取了样本企业与研发投入、高管持股以及企业成长相关的数据。由于我国会计准则并不强制上市公司披露与研发投入相关的项目，而且创业板科技型上市公司对研发投入的相关项目的披露程度也不尽相同，因此对数据主要进行了如下筛选：(1)剔除数据缺失并且通过其他渠道无法获取或计算出研究数据的创业板科技型上市公司；(2)剔除 ST、*ST 等已经被特殊处理的公司，这些公司的数据异常，若不剔除对最终的实证结果造成影响。

经过筛选，最终选取了创业板科技型上市公司从 2011—2016 年共 1342 个有效样本量。运用 IBM SPSS Statistics 19.0 对选取的样本数据进行分析。

7.2.2 变量定义

(1)被解释变量

因为研发存在一定的滞后性，因此要从短期效应和长期效应两个方面研究企业成长。对于短期的企业成长时，学者们从丰富的的视角对企业成长进行了定义，大体有以下几个方面。首先，运用因子分析法进行因子的聚类，对企业成长进行了一个综合的衡量，这种衡量方式虽然全面而且克服了主观性，但受到了研究样本量的限制，不利于进行实证研究，因此不采用因子分析法衡量企业成长。其次是从主营业务收入增长率和主营业务利润增长率的角度对企业成长进行衡量。或者以主营业务收入的对数差来衡量企业成长。但从短期来看，加权平均净资产收益率(ROE)相比于主营业务收入增长率或是总资产收益率更强调经营期间净资产赚取利润的结果，能够有效反映企业的短期获利情况，有助于公司相关利益人对公司未来的盈利能力作出正确判断。因此选取通过加权平均计算出的净资产收益率(ROE)作为被解释变量衡量短期的企业成长。

对于长期的企业成长来说，经济学家托宾(1969)提出了著名的托宾 Q 理论，提出了“托宾 Q”系数即托宾 Q 比率。托宾 Q 值是用于衡量企业成长性、企业绩效或企业价值的重要指标。企业价值通常是用该企业预期的自由现金流的折现值表示，折现率通常为加权平均资本成本，以折现值作为企业未来盈利能力和未来成长机会的预测值，投资者根据自己的预期判断在可预期的未来上市公司的成长幅度，并以此决定愿意花多少钱买上市公司一单位的资产，这种感知和预期反映在上市公司中就是上市公司的股价，因为托宾 Q 值将上市公司的未来价值和现在价值联系起来，并且将企业的财务指标与股票市场联系起来，因此这种预期用托宾 Q 值来衡量会更贴切，更符合真实情况。选择托宾 Q 值作为代表公司未来成长机会的被解释变量，是假定在金融市场是有效的情况下，并且股票价格包含了真实的投资信息，在此假设的基础上受证券市场价格所影响的托宾 Q 值一方面会影响公司的投资行为，另一方面同时也会影响到为投资项目而进行的融资。如果假定公司未来增长机会主要来自于公司的净投资行为，那么就可以用托宾 Q 值作为未来增长机会的替代变量。因此，选择托宾 Q 值(Q)作为被解释变量衡量长期企业成长。

(2)解释变量

创业板科技型上市公司具有高成长的特点，高成长性以科技创新为支撑，因此创业板科技型上市公司一方面注重研发资金的投入另一方面也十分注重研发人员的招募。因而，研发投入可以细分为研发资金的投入和研发人员的投入两个方面。

从短期的企业成长角度来看，研发资金的不断增加能够支撑企业进行技术创新研究，促进企业形成核心技术，有利于企业的未来发展，对企业成长会起到促进作用。虽然有学者采用了开发支出衡量研发支出。但是短期内更关注企业研发资金投入的不断增加的趋势，研发费用增长率相比于开发支出的绝对值能够更好的体现短期内研发投入的增长。因此，选取研发费用增长率(RDG)代表研发资金投入作为研究研发投入对短期企业成长的影响的解释变量。对于研发人员的投入来说，研发人员作为企业具体研发过程实施的关键性存在，企业聘用的研发人员规模的扩大在一定程度上代表着企业技术创新能力的增强，创新的想法会更加新颖，研发产出的新产品的质量也会有所提高，新产品被市场的接纳程度也会因此提升。而创业板科技型上市公司基本上都是中小型企业，因而，选取研发人员百人规模(JRD)代表研发人员投入作为研究研发投入对短期企业成长的影响的解释变量。

从长期的企业成长角度来说，当研发资金的投入超过一定范围之后，研发资金的投入对于企业成长的促进作用会存在溢出效应，会出现由研发资金的投入而促使企业获得的收益难以弥补初始的研发投入，这会使企业出现负利润，会使企业的资金运转出现问题，使企业难以合理配置有限的资源支撑企业之后的创新研究和未来计划的运行，研发资金所产生的溢出效应会严重影响企业未来的发展，对企业的长期成长起到抑制作用。而研发费用的绝对值没有考虑倒企业的规模和资金的流动情况，而研发投入强度则弥补了这个缺陷。因此，选取研发投入强度（IRD）代表研发资金投入作为研究研发投入对长期企业成长的影响的解释变量。对于研发人员的投入来说，研发人员的投入对企业成长的促进作用会随着研发人员的规模达到一定程度之后发生改变。研发人员的规模过大会使企业伴随着研发能力的提高出现人员冗余，制约着研发人员的效率，影响由研发人员的投入为企业未来创造的收益。研发人员规模在超过一定程度之后产生的溢出效应严重影响了企业的技术创新，影响企业的收益，从而阻碍企业不断发展壮大，影响企业的成长。因而，依旧选取研发人员百人规模（JRD）代表研发人员投入作为研究研发投入对长期企业成长的影响的解释变量。

（3）调节变量

根据有关度量高级管理人员持股的文献可知高管持股主要是通过以下几种方式表示。第一，用除了企业董事长和监事以外的所有高管人员的持股比例之和代表高管持股。第二，把高管持股设成虚拟变量，持有即为 1，否则为 0。第三，用高管持股数量与企业总股本的比值对高管持股进行衡量。不论是第一种表示方式还是第三种表示方式都难以体现高管持有股份的市场价值，而第二种表示方式则无法体现高管持股的规模，因此在考虑了高挂持股的市场价值及企业规模之后用相对于企业规模的高管持股的期末市值来衡量高管持股的情况相对来说更加严谨、科学，以此研究高管持股（HMH）对研发投入与企业成长的相关关系的调节作用。

（4）控制变量

根据前人的研究和文献的梳理，还有一些因素会对企业成长产生影响，这些因素根据总结之后选取了以下变量作为控制变量。企业自由现金流规模（FCF）、股权集中度（SHARE）、企业规模（SIZE）是从资金的充裕程度以及资金的配置方向等角度影响企业用于研发的资金，继而影响企业的创新能力，从而影响企业的成长。财务杠杆（LEV）、速动比率（OR）、流动比率（CR）是从企业的资本结构及偿债能力的角度反映企业的资源配置是否更有利于企业的经营以及企业是否有足够的可快速变现的资产供企业进行多方面的投资而不受资金短缺的限制，以此来影响企业的发展和未来的成长。总资产报酬率（ROA）、营业收入同比增长率（GR）、生命周期（LC）主要考虑到企业在不同成长阶段的获利能力不同，获利情况会直接决定企业是否有充足的资金进行下一阶段的经营。上市年限（AGE）也需要考虑，因为通常情况下企业在上市初期企业成长的速度较快，之后随着企业上市的时间越来越长可能会出现业绩下滑的现象。我国创业板科技型上市公司在上市初期的财务绩效要明显好于上市几年后的公司的财务绩效。地区（AREA）则是考虑了企业所处的外部环境对企业成长带来的影响。因此将东部地区赋值为1，其他地区赋值为0。其中，东部地区包括河北省、北京市、天津市、山东省、江苏省、浙江省、上海市、广东省、海南省、福建省、台湾省、香港特别行政区、澳门特别行政区。

所涉及的变量定义具体如表7-1所示。

表7-1　变量定义表

变量类型	变量名称	变量符号	变量定义
被解释变量	净资产收益率	ROE	税后利润/所有者权益
	托宾Q值	Q	（流通股市值＋优先股市值＋净负债）/总资产的账面价值
解释变量	研发费用增长率	RDG	（当年的研发费用总额－前一年的研发费用总额）/前一年的研发费用总额
	研发人员百人规模	JRD	研发人员数量/100
	研发投入强度	IRD	研发费用总额/营业收入
调节变量	高管持股	HMH	高管所持股份的期末市值/总资产
控制变量	企业自由现金流规模	FCF	企业自由现金流/总资产
	股权集中度	SHARE	前十名股东持股比例之和
	生命周期	LC	留存收益/总资产
	企业规模	SIZE	总资产的对数
	财务杠杆	LEV	总负债/总资产
	地区	AREA	企业办公地点在东部则取值为1，否则为0
	速动比率	OR	（流动资产－存货）/流动负债
	流动比率	CR	流动资产/流动负债
	总资产报酬率	ROA	（利润总额＋利息支出）/平均资产总额

变量类型	变量名称	变量符号	变量定义
	营业收入同比增长率	GR	(当年的营业收入－前一年的营业收入)/前一年的营业收入
	上市年限	AGE	企业从上市到2017年12月31日共经历的年限

7.2.3 模型设计

根据要研究的问题和提出的假设，为检验假设H_{1a}、H_{1b}设计了模型(7－1)来验证研发投入与短期企业成长的相关关系。

$$ROE = \beta_0 + \beta_1 RDG + \beta_2 JRD + \beta_3 FCF + \beta_4 SHARE + \beta_5 LC + \beta_6 SIZE + \beta_7 LEV + \beta_8 AREA + \varepsilon \quad (7-1)$$

其中β_0是常数项，ε是误差项，β_1，β_2，β_3，$\cdots \beta_8$为系数。

为检验假设H_{2a}设计了模型(7－2)来验证研发资金投入与长期企业成长的相关关系。

$$Q = \beta_0 + \beta_1 IRD + \beta_2 IRD^2 + \beta_3 OR + \beta_4 CR + \beta_5 SHARE + \beta_6 FCF + \beta_7 ROA + \beta_8 GR + \beta_9 AGE + \varepsilon \quad (7-2)$$

其中β_0是常数项，ε是误差项，β_1，β_2，β_3，$\cdots \beta_9$为系数。

为检验假设H_{2b}设计了模型(7－3)来验证研发人员投入与长期企业成长的相关关系。

$$Q = \beta_0 + \beta_1 JRD + \beta_2 JRD^2 + \beta_3 OR + \beta_4 CR + \beta_5 SHARE + \beta_6 FCF + \beta_7 ROA + \beta_8 GR + \beta_9 SIZE + \varepsilon \quad (7-3)$$

其中β_0是常数项，ε是误差项，β_1，β_2，β_3，$\cdots \beta_9$为系数。

引入高管持股作为调节变量后，设计模型(7－4)和模型(7－5)分别检验高管持股对研发资金的投入、研发人员的投入与长期企业成长的相关关系的调节作用也就是检验假设H_3。

$$Q = \beta_0 + \beta_1 HMH \times IRD + \beta_2 (HMH \times IRD)^2 + \beta_3 OR + \beta_4 CR + \beta_5 SHARE + \beta_6 FCF + \beta_7 ROA + \beta_8 GR + \beta_9 AGE + \varepsilon \quad (7-4)$$

其中β_0是常数项，ε是误差项，β_1，β_2，β_3，$\cdots \beta_9$为系数。

$$Q = \beta_0 + \beta_1 HMH \times JRD + \beta_2 (HMH \times JRD)^2 + \beta_3 OR + \beta_4 CR + \beta_5 SHARE + \beta_6 FCF + \beta_7 ROA + \beta_8 GR + \beta_9 SIZE + \varepsilon \quad (7-5)$$

其中 β_0 是常数项，ε 是误差项，β_1，β_2，β_3，… β_9 为系数。

7.3　实证分析

7.3.1　描述性分析

运用 IBM SPSS Statistics 19.0 对选取的创业板科技型上市公司从 2011—2016 年共 1342 个有效的样本量进行描述，描述结果如表 8-2 所示。

由表 8-2 可见，选取用净资产收益率(ROE)表示短期成长，净资产收益率(ROE)的标准差为 0.0828，反映出在所有有效样本中 ROE 的变化程度并不十分显著；托宾 Q 值(Q)代表企业的长期成长，托宾 Q 值(Q)的最小值是 0.3752，最大值是 24.8552，说明创业板科技型上市公司的企业长期成长性还是存在十分明显的差别的，并且极端值偏离平均水平很多，说明虽然有的创业板科技型上市公司的长期成长性明显优于其他企业但是大部分企业的成长性还是保持在了一个中等偏下的水平，可能是因为企业上市的时间的不同而造成的长期成长性的差异也有可能是因为企业忽略了研发对长期企业成长的影响而未合理配置资源限制了企业的长期快速成长。

研发费用增长率(RDG)与研发投入强度(IRD)分别代表短期模型的研发资金投入和长期模型中的研发资金投入。研发费用增长率(RDG)的最小值是－0.8477，最大值是 23.3212，反映出在所有有效样本中研发费用增长率水平存在显著的差别，并且研发费用增长率围绕平均水平存在较大的波动。研发投入强度(IRD)的均值为 0.0721，标准差为 0.0672，这表明企业的研发资金投入强度并不高，这种情况下可能会导致企业没有足够的资金支撑技术创新的研发过程，不利于企业形成核心技术以形成优势并在激烈的竞争中不断发展。

研发人员百人规模(JRD)代表研发人员投入。研发人员百人规模(JRD)的最小值是 0.0700，最大值是 45.4900，反映出在所有有效样本中研发人员百人规模的样本数据十分分散，围绕平均值水平的波动十分剧烈。

表 7-2 描述性统计

	N	极小值	极大值	均值	标准差
ROE	1342	−0.9922	0.6642	0.0757	0.0828
Q	1342	0.3752	24.8552	3.0476	2.1569
RDG	1342	−0.8477	23.3212	0.3327	0.8490
IRD	1342	0.0009	0.7275	0.0721	0.0672
JRD	1342	0.0700	45.4900	3.4156	4.9090
HMH	1342	0.0000	15.2824	1.1937	1.1371
FCF	1342	−0.7714	0.3733	−0.0222	0.1663
SHARE	1342	0.1595	0.9140	0.6101	0.1172
LC	1342	−1.3627	0.5164	0.1724	0.1097
SIZE	1342	19.4910	24.1963	21.1138	0.7165
LEV	1342	0.0111	0.8425	0.2599	0.1609
AREA	1342	0	1	0.7300	0.4440
OR	1342	0.0914	131.7093	4.5062	7.9285
CR	1342	0.3813	144.0001	5.5620	8.6147
ROA	1342	−0.4538	0.4169	0.0634	0.0570
GR	1342	−0.7909	5.5703	0.2859	0.4707
AGE	1342	5.2500	8.1667	7.1267	0.6533
有效的 N(列表状态)	1342				

作为调节变量的高管持股(HMH)的最小值是 0.0000042，最大值是 15.2824，反映出创业板科技型上市公司的高管持股情况存在着较大的差异，围绕着均值水平存在着较大的波动，说明大多数创业板科技型上市公司对高管持股激励制度的实施程度并不高。

企业自由现金流规模(FCF)的均值为−0.0222，标准差为 0.1663，也就是说数据围绕平均值水平的波动并不十分剧烈，而平均水平为负值也就是说创业板科技型上市公司在平均水平上掌握的可自由支配灵活使用的现金流很少，不利于进行灵活的投资。股权集中度(SHARE)的最小值是 0.1595，最大值是 0.

9140，反映出在所有有效样本中股权集中度的样本数据之间差距较大，从均值水平来看创业板科技型上市公司的股权还是较为集中的。生命周期（LC）的最小值是－1.3627，均值为0.1724，虽然存在为负值的生命周期但是均值依然为正值，也就是说企业的成长出现下滑的现象但是平均来看创业板科技型上市公司的状态依然是在积极成长中。企业规模（SIZE）的标准差为0.7165，根据上表的数据可以看出创业板科技型上市公司的企业规模的数据较为集中，围绕平均值水平的波动也并不是十分剧烈。财务杠杆（LEV）的最小值是0.0111，最大值是0.8425，均值为0.2599，从最大值和最小值来看创业板科技型上市公司运用杠杆进行经营的情况存在较大差异，从均值来看创业板科技型上市公司利用负债进行经营的程度并不高，虽然不乏有高杠杆经营的情况出现。这可能与创业板企业普遍规模为中小型，融资渠道较少，借款的成本偏高，从而促使创业板科技型上市公司并不倾向于利用负债经营。地区（AREA）均值为0.7300，反映了创业板科技型上市公司位于东部地区的要较位于西部地区的企业的数量多一些，企业所处的外部环境较好。速动比率（OR）和流动比率（CR）的最小值分别是0.0914和0.3813，最大值分别是131.7093和144.0001，标准差分别为7.9285和8.6147，反映出数据十分分散，围绕平均值水平的波动十分剧烈，总体来看，大多数企业流动资产占用了太多资源而企业资源本身有限，会导致一部分资源闲置无法为企业创造价值，不利于企业的成长，这种现象在部分企业之中尤为明显。总资产报酬率（ROA）的均值为0.0634，标准差为0.0570，虽然存在为负值的总资产报酬率但是均值依然为正值，数据在平均值水平并无较大的波动。也就是说创业板科技型上市公司虽然部分公司收益出现负值，企业的成长出现下滑的现象但是平均来看创业板科技型上市公司的长期成长状态依然是在积极向前的。营业收入同比增长率（GR）最高达到了557.03％，而最低则是下降了79.09％，反映出企业的短期盈利增减情况区别较大，但从平均值来看，创业板科技型上市公司的短期成长情况保持在28.59％的正向成长水平。上市年限（AGE）的均值为7.1267，可以看出样本中虽然也存在上市5年的公司但基本上所选样本中的创业板科技型上市公司的平均上市年限基本在7年左右。

7.3.2　相关分析

选取经过筛选最终选取的创业板科技型上市公司从 2011－2016 年共 1342 个有效样本量中在模型(7－1)、模型(7－2)、模型(7－3)、模型(7－4)、模型(7－5)中涉及到的数据运用 IBM SPSS Statistics 19.0 进行相关性分析,结果如表 7-3 所示。

表7-3　相关分析

	ROE	*RDG*	*JRD*	*FCF*	*SHARE*	*LC*	*SIZE*	*LEV*	*AREA*	*Q*	*IRD*	*OR*	*CR*	*ROA*	*GR*	*AGE*	*HMH*
ROE	1																
RDG	0.129**	1															
JRD	0.224**	0.054*	1														
FCF	-0.098**	-0.050	0.036	1													
SHARE	0.135**	0.063*	-0.141**	-0.145**	1												
LC	0.565**	-0.007	0.114**	0.019	0.149**	1											
SIZE	0.205**	0.133**	0.425**	0.060*	-0.230**	-0.081**	1										
LEV	-0.027	0.070*	0.210**	0.163**	-0.222**	-0.359**	0.480**	1									
AREA	0.062*	0.015	0.149**	0.021	0.105**	-0.014	0.074**	0.022	1								
Q	0.182**	0.019	0.127**	0.136**	-0.113**	0.169**	-0.013	0.008	0.018	1							
IRD	-0.111**	0.024	0.154**	0.014	-0.063*	0.041	-0.087**	-0.265**	0.094**	0.133**	1						
OR	-0.003	-0.027	-0.096**	-0.184**	0.161**	0.113**	-0.196**	-0.463**	0.066*	-0.089**	0.401**	1					
CR	-0.014	-0.033	-0.110**	-0.179**	0.149**	0.117**	-0.213**	-0.488**	0.056*	-0.069*	0.438**	0.978**	1				
ROA	0.908**	0.115**	0.173**	-0.136**	0.168**	0.618**	0.132**	-0.108**	0.060*	0.208**	-0.159**	0.011	0.002	1			
GR	0.262**	0.339**	0.124**	0.001	0.032	-0.048	0.262**	0.239**	0.055*	0.097**	-0.130**	-0.146**	-0.152**	0.242**	1		
AGE	-0.009	-0.001	0.092**	0.160**	-0.264**	-0.033	0.147**	0.002	-0.033	-0.055*	0.005	-0.024	-0.033	-0.011	0.029	1	
HMH	0.171**	-0.013	0.006	0.079**	0.191**	0.235**	-0.155**	-0.172**	0.027	0.714**	0.177**	0.071**	0.088**	0.198**	0.061*	-0.128**	1

**. 在 .01 水平（双侧）上显著相关。*. 在 0.05 水平（双侧）上显著相关。

对于研发投入与企业短期成长的关系，从表 7-3 中不难看出，作为被解释变量的短期企业成长(ROE)与作为解释变量的研发资金投入(RDG)以及同为解释变量的研发人员投入(JRD)在 0.01 的水平上显著正向相关，也就是说企业的研发投入(包括研发资金投入和研发人员投入)对企业短期成长具有显著的促进作用，与假设H_{1a}和H_{1b}是一致的。作为被解释变量的短期企业成长(ROE)与作为控制变量的企业自由现金流规模(FCF)、股权集中度(SHARE)、生命周期(LC)、企业规模(SIZE)都在 0.01 的水平上显著相关，与作为控制变量的地区(AREA)在 0.05 水平上显著相关，只有作为控制变量的财务杠杆(LEV)与短期企业成长(ROE)不相关。基本上说明根据相关文献的阅读及研究思路的分析所选取的控制变量都对短期企业成长有着显著的影响，控制变量的选取是较为科学合理的。

对于研发投入与企业长期成长的关系，从表 7-3 中不难看出，作为被解释变量的长期企业成长(Q)与作为解释变量的研发投入强度(IRD)以及同为解释变量的研发人员投入(JRD)在 0.01 的水平上显著相关，也就是说企业的研发投入(包括研发资金投入和研发人员投入)与长期企业成长的相关关系是存在的，与假设H_{2a}和H_{2b}是一致的。作为被解释变量的长期企业成长(Q)与作为控制变量的速动比率(OR)、流动比率(CR)、股权集中度(SHARE)、企业自由现金流规模(FCF)、总资产报酬率(ROA)、上市年限(AGE)、营业收入同比增长率(GR)都显著相关，只有作为控制变量的企业规模(SIZE)与作为被解释变量的长期企业成长(Q)不相关。基本上说明根据相关文献的阅读及研究思路的分析所选取的控制变量都对长期企业成长有着显著的影响，控制变量的选取是较为科学合理的。

作为调节变量的高管持股(HMH)与作为解释变量的研发资金投入在 0.01 水平上具有显著正相关关系，说明高管持股之后会在制定政策方面做出调整，会直接影响企业研发资金的投入力度，进而通过影响研发资金投入影响企业的长期成长，与假设H_3是一致的。虽然，作为调节变量不应与被解释变量相关，但是高管持有公司的部分股份之后不仅会影响企业政策的制定还会使高级管理人员在企业经营中更多的关注企业的长期发展，采取更多的长期行为，使企业更具有发展潜力更被市场看好，企业的价值随之上升。因此，高管持股还是会对长期的企业成长产生一定程度的影响，因而两者之间在相关分析中出现相关关系。而作为调节变量的高管持股（HMH）与作为解释变量的研发人员投入在相关性检验的结果中不存在相关关系，但是高管持有企业一定的股份之后会更加关注企业的技术创新活动为企业创造的价值，因此会将更多的资源分配给研发活动，也就是说会更加关注研发投入，而研发人员投入作为研发投入的一部分自然也会更加收到高管的关注。因此，从理论上来说，高管持股应该会对研发人员投入产生影响，进而影响企业的长期成长。

7.3.3　回归分析

分别将经过筛选最终选取的创业板科技型上市公司从 2011 年到 2016 年共 1342 个有效样本量中与模型（7－1）、模型（7－2）、模型（7－3）、模型（7－4）、模型（7－5）相关的数据带入到模型（7－1）、模型（7－2）、模型（7－3）、模型（7－4）、模型（7－5）中，运用 IBM SPSS Statistics 19. 0 进行回归分析，检验研发投入与短期企业成长的关系还有研发资金投入和研发人员投入与长期企业成长的关系以及检验高管持股对研发投入与企业成长的关系的调节作用，得出的实证结果如表 7-4 所示。

表 7-4　回归分析

Variables	Model 4－1	Model 4－2	Model 4－3	Model 4－4	Model 4－5
RDG	0. 008*** (3. 972)				
JRD	0. 001* (2. 478)		0. 177*** (4. 723)		
JRD^2			－ 0. 004** (－2. 978)		
IRD		14. 390*** (7. 090)			
IRD^2		－ 20. 006*** (－4. 203)			

Variables	Model 4－1	Model 4－2	Model 4－3	Model 4－4	Model 4－5
HMH × IRD				11.821*** (18.118)	
$(HMH \times IRD)^2$				－4.222*** (－8.389)	
HMH × J RD					0.218*** (12.759)
$(HMH \times JRD)^2$					－0.002*** (－5.858)
OR		－0.131** (－2.928)	－0.098* (－2.409)	－0.038 (－0.993)	－0.101** (－2.802)
CR		0.097* (2.270)	0.083* (2.202)	－0.020 (－0.564)	0.082* (2.449)
FCF	－0.063*** (－5.923)	1.994*** (5.397)	1.809*** (4.841)	1.028*** (3.342)	1.169*** (3.507)
SHARE	0.068*** (4.346)	－3.327*** (－5.756)	－3.044*** (－5.245)	－4.102*** (－8.605)	－3.245*** (－6.311)
LC	0.459*** (26.481)				
ROA		10.814*** (9.672)	9.132*** (7.968)	8.754*** (9.523)	5.955*** (5.767)
GR		0.459*** (3.253)	0.382*** (2.588)	0.247* (2.113)	0.202 (1.544)
AGE		－0.454*** (－4.584)		－0.307*** (－3.717)	
SIZE	0.021*** (7.150)		－0.395*** (－3.520)		－0.459*** (－4.881)
LEV	0.064*** (4.848)				

Variables	Model 4－1	Model 4－2	Model 4－3	Model 4－4	Model 4－5
AREA	0.007 (1.728)				
Constant	－0.525*** (－8.313)	6.731*** (7.602)	12.075*** (4.996)	6.409*** (8.751)	13.519*** (6.582)
Adjusted R^2	0.426	0.172	0.134	0.434	0.319

注：括号内为 t 值，*、**、*** 分别表示在 0.05、0.01、0.001 水平下显著。

从表 7-4 可以看出模型(7－1)的调整 R 方值为 0.426，表明模型(7－1)中的解释变量对被解释变量的解释程度较高；通过解释变量和控制变量对应的 Sig. 值表明了模型(7－1)整体线性关系较为显著。而且作为解释变量的研发费用增长率和研发人员百人规模在模型中对应的系数分别为 0.008 与 0.001 即均为正值，表明创业板科技型上市公司的研发资金投入和研发人员投入均对短期企业成长起促进作用。与假设 H_{1a}、H_{1b} 是一致的。

模型(7－2)的调整 R 方值为 0.172，由于模型中解释变量和控制变量的 Sig. 值均小于 0.05，表明模型(7－2)所设定的关系是显著的。由于研发资金投入与研发资金投入的平方项在模型中对应的系数分别为 14.390 和－20.006，因此可知从长期来看，企业的研发资金投入在一定范围内会对长期企业成长起到促进作用，但是当企业的研发资金投入达到倒"U"型顶点之后企业再增加研发资金就会产生溢出效应，企业研发资金投入的增加会阻碍企业的成长，对企业的成长起到抑制作用，也就是说在模型(7－2)中解释变量与被解释变量是一个倒"U"型的关系。与假设 H_{2a} 是一致的。

模型(7－3)的调整 R 方值为 0.134，由于模型中解释变量和控制变量的 Sig. 值均小于 0.05，表明模型(7－3)所设定的关系是显著的。由于研发人员投入与研发人员投入的平方项在模型中对应的系数分别为 0.177 和－0.004，因此可知从长期来看，企业的研发人员投入在一定范围内会对长期企业成长起到促进作用，但是当企业的研发人员投入达到倒"U"型顶点之后企业再雇佣更多的研发人员就会产生溢出效应，企业研发人员投入规模的增大会阻碍企业的成长，对企业的成长起到抑制作用，也就是说在模型(7－3)中解释变量与被解释变量是一个倒"U"型的关系。与假设 H_{2b} 是一致的。

模型(7—4)的调整 R 方值为 0.434，模型(7—4)是在模型(7—2)的基础上引入了调节变量高管持股，而模型(7—2)的调整 R 方值为 0.172，也就说引入了调节变量之后模型的调整 R 方从 0.172 增加到 0.434，说明解释变量对被解释变量的解释程度有了显著的提高。模型(7—5)的调整 R 方值为 0.319，模型(7—5)是在模型(7—3)的基础上引入了调节变量高管持股，而模型(7—3)的调整 R 方值为 0.134，也就说引入了调节变量之后模型的调整 R 方从 0.134 增加到 0.319，说明解释变量对被解释变量的解释程度有了显著的提高。综上所述，高管持股确实对研发投入与企业长期成长的关系具有正向调节作用。与假设 H_3 是一致的。

7.3.4 稳健性检验

在模型(7—1)中将原模型中的被解释变量从净资产收益率(ROE)换成营业收入同比增长率(GR)，将原代表研发人员投入的研发人员百人规模(JRD)换成研发人员增长率(JRDG)，在模型(7—2)、模型(7—3)、模型(7—4)、模型(7—5)中被解释变量换成滞后一期的托宾 Q 值，检验研发投入与短期企业成长的关系的稳健性还有研发资金投入和研发人员投入与长期企业成长的关系的稳健性以及检验高管持股对研发投入与企业成长的关系的调节作用的稳健性，进行稳健性检验所得出的实证结果如表 7-5 所示。

表 7-5 回归分析

Variables	Model 4—1	Model 4—2	Model 4—3	Model 4—4	Model 4—5
RDG	0.145*** (10.270)				
JRDG	0.030* (2.121)				
JRD			0.093** (2.861)		

Variables	Model 4－1	Model 4－2	Model 4－3	Model 4－4	Model 4－5
JRD^2			－0.003* (－2.412)		
IRD		10.194*** (5.651)			
IRD^2		－8.737* (－2.202)			
HMH × IRD				5.113*** (7.230)	
$(HMH \times IRD)^2$				－1.259* (－2.493)	
HMH × J RD					0.071*** (4.022)
$(HMH \times JRD)^2$					－0.001*** (－4.686)
CR	－0.003 (－1.888)				
FCF	－0.022 (－0.317)	2.540*** (7.344)	1.703*** (5.312)	2.324*** (6.879)	1.678*** (5.267)
SHARE	0.216* (2.099)				
LC	－0.828*** (－5.485)				
ROA		7.251*** (7.023)	2.117* (2.156)	5.788*** (5.800)	1.888 (1.922)
Q			0.641*** (15.232)		0.622*** (14.301)
ROTA	2.835*** (8.585)				

Variables	Model 4－1	Model 4－2	Model 4－3	Model 4－4	Model 4－5
SIZE	0.078*** (4.136)	－0.774*** (－8.226)	－0.662*** (－6.917)	－0.650*** (－6.962)	－0.595*** (－6.648)
LEV	0.460*** (4.730)				
PR		0.184*** (14.009)	－0.059** (－2.906)	0.141*** (10.264)	－0.051* (－2.507)
AGE		－0.212* (－2.328)		－0.154 (－1.728)	
Constant	－1.645*** (－4.091)	18.313*** (9.395)	15.265*** (7.688)	16.548*** (8.435)	13.940*** (7.435)
Adjusted R^2	0.229	0.280	0.374	0.314	0.381

注：括号内为 t 值，*、**、*** 分别表示在 0.05、0.01、0.001 水平上显著。

从表 7-5 可以看出在稳健性检验中，在模型(7－1)中作为解释变量的研发费用增长率和研发人员增长率在模型中对应的系数分别为 0.145 与 0.030 即均为正值，表明创业板科技型上市公司的研发资金投入和研发人员投入均与短期企业成长之间是正向相关关系。与假设H_{1a}、H_{1b}是一致的，与之前的实证结果是一致的。

模型(7－2)中研发资金投入与研发资金投入的平方项在模型中对应的系数分别为 10.194 和－8.737，因此可知从长期来看，研发资金投入与企业成长之间是一个倒“U”型的关系。与假设H_{2a}是一致的，与之前的实证结果是一致的。模型的调整 R 方值较原始模型(7－2)的调整 R 方值 0.179 要更大一些，表示解释变量对被解释变量的解释程度更高，也就是说企业研发资金投入对长期企业成长的影响存在滞后期，企业研发资金投入对滞后一期的企业成长的影响比对不考虑滞后期的长期企业成长的影响更为显著。

模型(7－3)中研发人员投入与研发人员投入的平方项在模型中对应的系数分别为 0.093 和－0.003，因此可知从长期来看，研发人员投入与企业成长之间是一个倒“U”型的关系。与假设H_{2b}是一致的，与之前的实证结果是一致的。模型的调整 R 方值较原始模型(7－3)的调整 R 方值 0.141 要更大一些，表示解释变量对被解释变量的结实程度更高，也就是说企业研发人员投入对长期企业成长的影响存在滞后期，企业研发人员投入对滞后一期的企业成长的影响比对不考虑滞后期的长期企业成长的影响更为显著。

模型(7－4)、模型(7－5)是在模型(7－2)、模型(7－3)的基础上引入了调节变量高管持，引入了调节变量之后模型的调整 R 方分别从 0.280 增加到 0.314，从 0.374 增加到 0.381，说明解释变量对被解释变量的解释程度有所提高。综上所述，高管持股确实对研发投入与企业长期成长的关系具有正向调节作用。与假设 H_3 是一致的，与之前的实证结果是一致的。同时，考虑了滞后期后的模型在引入了调节变量之后，调整 R 方从 0.280 变化为 0.314、从 0.374 变化为 0.381，而未考虑滞后期的模型在引入了调节变量之后，调整 R 方从 0.172 变化为 0.434、从 0.134 变化为 0.319。不难看出未考虑滞后期的 R 方的变化幅度要明显大于考虑了滞后期的 R 方的变化幅度，说明研发投入是具有滞后性的。

7.3.5　实证结果分析

经过实证分析发现，对于创业板科技型上市公司来说创业板科技型上市公司的研发投入(包括研发资金投入和研发人员投入强度)都与企业成长之间具有相关关系。也就是说，从短期来看，研发投入对企业成长有显著的促进作用，说明研发投入对以科技创新为支撑的创业板科技型上市公司是至关重要的存在。随着经济全球化的趋势越来越强，随之而来的是越来越激烈的企业之间的竞争，创业板科技型上市公司基本上都是以科技创新为核心竞争力的公司，因此对于创业板科技型上市公司来说研发投入的地位就显得更为重要。给予研发活动充分的重视才能在所处市场中特别是在国际市场中拥有独特的竞争优势。从长期来看，对于创业板科技型上市公司来说，研发资金投入在一定范围内会对企业的成长具有促进作用，但是当研发资金投入达到倒“U”型的顶点即研发投入强度达到 0.3596 之后促进作用达到顶峰，继续增加研发资金投入会产生溢出效应，阻碍企业的成长，对企业成长起到抑制作用，这种情况同样适用于研发人员投入对企业成长产生的影响，研发人员投入达到倒“U”型的顶点即研发人员百人规模达到 22.125 之后促进作用达到顶峰，继续增加研发人员投入会产生溢出效应,阻碍企业的成长,对企业成长起到抑制作用。综上所述,从长期来看,研发投入与企业成长的关系呈倒“U”型。同时验证了高管持股在研发投入与企业长期成长的关系中具有正向调节作用。近年来,大部分企业实行高管薪酬激励制度,使高级管理人员在进行经营时对企业的研发活动和研发投入更多的关注、分配更多的资源。

7.4 结论与政策建议

7.4.1 主要结论

创业板科技型上市公司的代表性特征是主营业务突出和追求高成长。而高成长性的特点使其备受投资者等利益相关者的关注。随着经济的不断发展和技术的日益革新,经济全球化趋势不断推进,技术创新已经成为科技发展的动力源泉,研发投入成了企业不得不关注的重点,尤其是以研究创新为支撑的创业板科技型上市公司。但是由于研发投入的高风险性,高管人员不会在任职期间更多的注重对研发活动的投入。股权激励制度的兴起与流行使高管与企业所有者的利益趋同,让高管站在公司的角度进行决策,让高管改变关注短期利益的行为而开始关注企业的长远发展,因而对研发投入的政策也会发生相应的变化,也就是说高管持股之后会对企业的研发投入起到一种调节作用。因而基于高管持股的调节效应研究研发投入对企业成长的影响。

选择创业板科技型上市公司作为研究对象,收集并筛选出创业板科技型上市公司从 2011—2016 年共 1342 个有效的样本量,对长期模型进行实证分析时所用的数据是从总样本也就是创业板科技型上市公司从 2011—2016 年共 1342 个有效的样本量中选取 2011—2015 年共 1114 个有效样本量。利用整理所得的数据进行实证分析,实证分析部分主要分为描述性分析、相关分析、回归分析,及稳健性检验,根据实证分析结果及稳健性检验的结果证明所提出的假设的正确性并得出结论,即从短期来看,研发投入对企业成长具有促进作用;从长期来看,研发资金投入与研发人员投入均与企业成长呈倒“U”型关系。高管持股作为调节变量的加入对研发投入与长期企业成长的关系具有正向调节作用。并且研发投入对长期企业成长的作用确实存在滞后性。并且在滞后一期时调节作用对研发投入与长期企业成长的关系的正向调节作用依旧存在,滞后一期时调节变量的加入使解释变量对被解释变量的解释程度的提高幅度小于无滞后期的情况,因此也可以看出,研发投入对长期企业成长的作用是具有滞后性的。

7.4.2　相关政策建议

针对实证分析的结果,为了促进创业板科技型上市公司的成长,因此从以下几个方面提出了一些政策建议。

首先,从研发资金的投入角度来说,根据实证研究的结果,创业板科技型上市公司想要获得持久的高成长性就要进行适当的研发资金投入。研发资金投入是对创新研究活动的重要支撑,是企业成长的重要动力来源,企业能够快速成长会进一步带动新一轮的研发投入,逐渐促使企业形成核心竞争力,推动企业的成长,形成良性循环。也就是说企业要不断提高自己的创新意识,提高科技水平,通过不断的科技创新研发活动生产新产品、新服务,形成核心技术,使企业在竞争中处于优势地位。

其次,从研发人员的投入角度来说,根据实证研究的结果,创业板科技型上市公司应该适当的注重人力资本的投入,研发人员是企业创新活动的实施者,对研发活动的结果以及企业核心科技的形成起着决定性的作用。处在知识经济时代,人力资本已经成为了较为稀缺的资源,高素质的研发人才对于创业板科技型上市公司来说尤为珍贵,这些高素质的研发人才掌握着先进的知识,更具有创造性,能够为企业提供新的创新点、加快研发活动的进程、加大研发活动成功的可能性,能够更准切的抓住机会推动公司的成长。企业可以创建学习型小组,让研发人员之间更加充分的沟通激发出新的创意,同时可以为研发人员提供更多的培训和深造机会让他们不断获取新知识、刷新知识体系,提高他们的综合素质、学习能力和科技创新实力,成为企业的核心实力,让企业的竞争优势保持的更持久。为企业生产更高质量新产品的研发活动做准备,给企业带来更丰厚的更长远的收益。

对于前两个建议来说都要注意共同一点,那就是根据实证结果,企业不能进行过度的研发资金投入和研发人员投入，企业资源有限，如果对研发活动投入过多资源会使企业在其他方面的运转出现问题或者会由于研发活动的高风险、高不确定性导致企业的研发活动无法产生预计的成果也就是不能在未来为企业创造更多更长久的价值则最终会导致企业陷入困境，根据实证结果来看，对于研发资金投入来说研发费用的支出与营业收入的比值最好不要超过 35.96%，对于研发人员投入来说研发人员的百人规模也最好不要超过 22.125。也就是说过量的研发资金投入和研发人员投入不仅不会像之前一样对长期的企业成长起促进作用，反而会因为超过了拐点而对长期企业成长起到抑制作用。

第三，从高管持股的角度出发，由实证结果可以看出，研发资金投入和研发人员投入对企业的长期成长的影响都存在滞后性，这就需要解决企业的实际经营者高级管理人员只顾短期利益产生短视行为的问题，根据代理理论可知高管持股激励制度能够有效缓解这类问题，高管持有部分股权之后，高管会得到由于持有的股权而享有的部分企业剩余收益，因此会将经营着眼点更多的放在企业的长期发展上，会更看重研发资金投入与研发人员投入为企业日后带来的丰厚而长远的收益。通常情况下，企业的任意一项研发投资决策的制定都会对企业的发展产生长远的影响。因此，企业的所有者应该充分适当利用好高管持股激励制度，在实施制度的过程中不应让高管持过少，持股过少不易于对高管的短视行为的纠正，也不易于缩小所有者与代理人的目标之间的差距，对解决委托代理问题起到的作用不大。也就是说由于研发投入的滞后性，高管持股过少不能很好的促使高管进行更充分的研发投入从而形成企业的核心竞争优势以促进企业的成长。

第八章　融资约束下高管激励对企业研发投资的影响

近些年来企业创新的重要性日益显现，而R&D投入是企业自主创新过程中的一个关键环节，因此一个企业要有竞争力，R&D投入是必要的。然而，制约企业R&D投入的因素很多。客观方面，包括财务状况、融资方式和企业资金的使用等方面，都是基于财务观点的相关因素。企业需要大量的资本投资进行创新和研发，因此它们将承担高风险。一般来说，它们面临着融资约束和研发投资不足的问题。主观方面，包括公司治理结构、管理层和高管激励机制、公司规模等反映了企业资源配置和治理制度对创新和研发的影响因素，其中，作为直接处理公司事务的决策者，高管们将对公司战略的制定产生重大影响。基于此，试图在融资约束的前提下探讨高管激励对企业R&D投资行为的影响。为了详细探讨高管激励对企业R&D投资的影响，将高管激励分为货币薪酬激励和股权激励，并在此基础上考查了不同融资约束下两类高管激励对企业R&D行为的影响。利用2010—2016年中小板上市公司的相关数据进行实证分析发现，高管货币薪酬激励会促进企业R&D行为，而高管股权激励会抑制企业R&D行为。并且随着融资约束程度的增强，货币薪酬激励对企业R&D投入的促进作用逐渐减弱，而股权激励对企业R&D投入的抑制作用逐渐增强。

8.1 理论分析与假设提出

8.1.1 高管激励对企业研发投资的影响

根据之前的文献梳理和理论论述，投入效果的不确定性及长期性，决定了研发投入的高风险性。风险规避型的高管不愿意在研发上进行投资，其更多从短期经营绩效考虑而舍弃长期的经济利益。对其而言，低风险的、业绩导向的短期薪酬意义更加重大，因此在面临可能影响企业绩效的投资时高管会提高警惕，审慎而保守。不仅如此，我国高管的股权激励程度普遍较低，短期薪酬占其总激励报酬的比例较高。综上，高管在受到短期薪酬激励后有动机进行研发投入。近几年的研究也有很多学者研究发现高管短期激励与投资成正比例关系。有效契约理论认为，高管的工作能力、工作环境的复杂程度及所承担的风险将决定他的薪资水平。高水平的货币补偿能够有效减少管理者的风险规避行为，增加其进行研发创新的积极性，有利于企业的长期发展。代理理论认为，通过设计合理的激励机制，管理者会以股东价值最大化为导向，从而促进高管进行研发投资。锦标赛理论也认为，如果管理者有能力且有意愿管理公司，可以适当增加工资差距，以提高员工的积极性。基于以上分析，提出以下假设：

H_1：高管货币薪酬激励对企业研发投资具有促进作用

根据股权激励理论，公司向管理层授予股权，这样经营者就可以作为股东参与公司的长期发展和管理过程。股权激励可以解决因所有权与经营权分离产生的委托代理问题。将高管个人利益、股东剩余权利与公司长期利益结合，对公司的长期可持续发展有着有利的影响。股权激励的实施确实可以在一定程度上克服委托代理问题，激励管理层增加研发投资。但是，这种激励措施并不是一成不变的，有学者认为当高管持股达到一定比例时，激励效果随着持股比例增加而减少。股权激励只有在一定范围内，管理者才会增加对研发创新的投资，因为这时他们从研发投资中获得的收益超过了投资风险的成本。当股权激励没有在这一范围内，成本会增加，使其不愿意在研发创新上投入太多资金。由此可见，股权激励对投资的影响可能存在两种不同的反应并且存在最佳激励区间。目前关于高管股权激励与技术创新投入之间关系的研究并没有形成的统一的结论。学者之间的结论差异性可能是由不同激励之间存在抵消或者替代作用所导致的。而且由于不同的研究所选择的样本不同,多数学者在研究两者的关系时采取了A股上市企业的数据,数据披露比较完整。因此不能轻率地认为高管持股一定能促进其进行研发投入。实际上,影响企业研发投资的因素有很多,其中除了高管持股对研发效率影响不相关外,其余的高管特征、企业规模以及盈利性等都会对企业技术创新活动产生影响,并且缺少其中任何一个因素,对结果造成的影响都是不同的。根据以上分析并基于中小板企业的特点,由于高管持股比例普遍较低,主要是股东持股,当高管持股比例较低时,相对于企业的长期成长,高管更加关注企业的短期成长。而且中小板企业的高管激励方式多用货币薪酬激励。鉴于此,提出以下假设:

H_2:高管股权激励对企业研发投资具有抑制作用

8.1.2　融资约束下高管激励对企业研发投资影响的变动

在当前金融环境发展不完善的情况下,我国企业创新投资的一般存在融资约束问题。从中国目前的融资情况来看,与一般企业相比,中小科技型企业面临着严重的融资约束。外部融资是企业持续创新的源泉,因此融资约束的存在很大程度上影响了企业的持续创新。许多研究表明,高管人员的货币薪酬激励与上市公司研发投资之间存在显著的相关关系,进一步分析不同融资约束水平对上述关系的影响。"管理层防御假说"指出公司高管具有较强实力去面对较小的资金压力时,会根据薪资水平来进行决策从而达到收益更高。当企业受到融资约束时,股东更注重设计激励机制来尽可能地将所有者和经营者的利益联系起来,并鼓励管理者积极处理融资约束问题,促进公司的长期可持续发展。此外,一些学者也提出了企业面临的融资约束水平越高管理层的薪酬越高。更多的学者对此进行了进一步的研究,发现过高的融资约束水平会抑制高管激励对企业研发投资的促进作用,为了探索这一影响,提出以下假设:

H_3:不同融资约束下高管货币薪酬对研发投资行为的影响会发生变动,随着融资约束的增强,影响程度在降低国内也有学者对管理层股权的激励情况与融资约束程度间的关系进行了验证,发现两者间存在显著的负相关关系。即如果公司从外部获得资金的难度太大时,说明企业的融资会出现一定的问题,这是高管相对于公司利益更加看重自己的个人利益。即便有股权激励,高管也不愿冒风险增加企业的研发投入。基于以上分析,提出假设:

H_4:不同融资约束下高管股权薪酬对研发投资行为的影响会发生变动,融资约束程度越高,高管股权激励对企业研发投资的抑制效果越明显

8.2 研究与模型设计

8.2.1 样本选择与数据来源

研究数据主要来源于同花顺金融数据库,样本区间为2010—2016年。以中国中小板上市公司的数据作为研究对象,并根据研究的需要按照下面标准对样本企业进行了筛选:本书的研究样本为中小板上市公司。为了保证数据可靠、稳健,研究进行样本如下筛选:(1)剔除研发费用为零或存在缺失值的企业;(2)剔除控制变量的数值为零或异常值的企业;(3)剔除报表中交易性金融资产、存货、应收账款和短期借款为零或缺失的企业;(4)剔除*ST、ST、金融类的企业。最终得到2010—2016年持续经营的403家中小板上市科技型企业的1687个样本数据。

8.2.2 融资约束的量化

作为高管激励影响企业研发投资的前提条件,要衡量企业融资约束的程度,我们需要对融资约束程度进行量化。关于融资约束程度量化的代表性研究,在选择多个财务指标作为基础变量的前提下,选择多元判别分析方法构造融资约束指数,应用多元逻辑回归构建融资约束指数,应用逻辑回归和Fisher判别构建融资约束指数。在多指标综合评价方法中,应用最广泛的是多元判别分析法。不过,该方法无法反映二元离线型变量,鉴于此,根据中小科技型企业的经营特

点，选取了多个财务指标，通过将多指标综合评价方法与二元逻辑回归模型结合起来的方法构建融资约束指数(FCI)。

将利息保障倍数作为样本企业预分组的标志。将样本企业的年度数据按降序排列，将排名前33%的样本企业预分入低融资约束组(包含563个样本数据)，将排名后33%的样本企业预分入高融资约束组(包含562个样本数据)。然后，以二元离散变量Group为因变量，以财务松弛(SLACK)、资产负债率(LEV)、现金流量(CF/A)、销售净利率(NPM)和流动比率(CR)作为自变量，构建模型(8－1)进行二元逻辑回归分析。最后，将整个样本数据代入判别分析的结果模型，算出融资约束指数FCI。

模型(8－1)

$$FCI = \ln \frac{P\{Group = 1\}}{P\{Group = 0\}}$$
$$= a_1 + a_2 SLACK + a_3 LEV + a_4 CF/A + a_5 NPM + a_6 CR \tag{8-1}$$

其中：a_1为常量，$a_2 \sim a_6$为系数。

$$SLACK = \frac{CASH + TFA + 0.5 * STOCK + 0.7 * ARC - STD}{ASSET}$$

其中：*CASH*为现金，*TFA*为交易性金融资产，*STOCK*为存货，*ARC*为应收账款，*STD*为短期借款，*ASSET*为总资产。

用SPSS19.0软件进行二元Logistic回归，模型(8－1)的回归结果如表8-1所示。

表8-1　二元逻辑回归结果

	B	S. E,	Wals	df	Sig.	Exp (B)
CFA	−5.437	1.632	11.097	1	0.001	0.004
SLACK	−8.692	0.843	106.362	1	0.000	0.000
CR	0.180	0.044	16.400	1	0.000	1.197
LEV	0.071	0.008	73.734	1	0.000	1.073
NPM	−0.340	0.027	152.539	1	0.000	0.712
常量	1.736	0.472	13.509	1	0.000	5.677

从回归系数的符号来看(如表 8-1 所示),融资约束与流动比率(CR)、资产负债率(LEV)成正相关关系,与现金流量(CF/A)、财务松弛(SLACK)、销售净利率(NPM)呈现负相关关系。表明资产负债率越高、资金流动速度越快的公司融资能力越差、融资约束程度较高。检验结果表明,各变量回归系数显著不为零。

表 8-2　二元逻辑错判矩阵

已观测		已预测		
		Group		百分比校正
		0	1	
GROUP	0	656	51	92.8
	1	54	654	92.4
总计百分比				92.6

由表 8-2 可知,二元逻辑模型即模型(8－1)的拟合情况较好,模型的预测错判率为 7.4%,拟合程度较好。

综上所述,模型(8－1)的二元逻辑回归结果如下所示:

$$FCI = 1.736 - 5.437CFA - 8.692SLACK + 0.18CR + 0.071LEV - 0.34NPM \quad (8-2)$$

8.2.3　变量定义

(1)被解释变量

尽管一些文献以研发费用总额作为被解释变量,但一些学者认为,如果直接使用总研发费用支出,可能导致实证结果不准确。因为不同行业或同一行业的不同公司之间的差距可能非常大,如果用总量指标企业之间是不可比的,特别是在描述性统计中。但相对指标可以解决这个问题,并且越来越多的相关指标已经用于以前的文献中。然而,相关指标的衡量也没有统一的测量标准,主要包含下面几种:研发支出占销售收入的百分比,研发支出占总资产的百分比,以及研发支出占股票市场价格的份额支出与支出的比率,研发支出总额的对数等。由于解释变量是用总额的对数表示的,为了和解释变量达到统一,本书用研发费用的自然对数(RD)来衡量企业研发投入。

(2)解释变量

根据以往学者的研究,本书选择以下俩个指标来表示高管激励程度:高管货币薪酬、高管持股比例。高管货币薪酬(MPA),为了反映短期报酬激励,我们从数据的可获得性选取了前三名高级管理人员的报酬总额的自然对数来代替;高管持股比例(MSH),是由前三名高管持股数量与当年公司总股本的比率来衡量的。

(3)前提条件

融资约束(FCI)。本书将融资约束作为前提条件,为了量化企业的融资约束程度,本书采用经过二元逻辑回归得到的融资约束指数衡量企业的融资约束水平,并对比高中低融资约束下高管激励对研发投入的影响。

(4)控制变量

除了高管激励和融资约束的影响外,研发投资行为的影响因素还与企业自身的一些特点有关。鉴于以往学者研究,中小科技型企业存在年龄小,规模小,资金缺乏等缺点,但其创新行为意识强,盈利能力强,发展迅速。再结合中小科技型企业的经营特点出发,选择以下控制变量:企业规模(SIZE),规模越大的企业越倾向于将资源优先分配于生产经营以获取超额利润,而相对弱化对研发投资的力度和需求;净资产收益率(ROE),获利能力越强的企业进行研发投入的积极性越高;流动比率(CR);销售净利率(NPM);区域虚拟变量(AreaDUM),地域的经济发展水平会对企业的融资环境、研发投入需求存在差异影响,设置AreaDUM={1,0},若公司注册地在江苏、山东、天津、北京、上海、浙江或广东等东部地区发达省份,则 AreaDUM=1,否则 AreaDUM=0;高技术产业虚拟变量(TechDUM),高技术产业企业的研发创新密度高、强度大,TechDUM={1,0},若样本企业为高技术企业,则 TechDUM=1,否则 TechDUM=0。具体变量定义如表 8-3 所示。

表 8-3 各变量定义

变量类型	变量名称	变量符号	变量定义
被解释变量	研发投入	RD	研发费用的对数
解释变量	高管持股比例	MSH	高管持股总数/总股数
	高管薪酬	MPA	前三名高级管理人员报酬总额的自然对数
前提条件	融资约束程度	FCI	将样本公司按融资约束指数进行分组,前 33%为高融资约束组,中间 33%为中融资约束组,后 33%为低融资约束组
控制变量	企业规模	SIZE	总资产的自然对数
	净资产收益率	ROE	净利润/资产总额
	流动比率	CR	流动资产/流动负债
	销售净利率	NPM	净利润/销售收入净额
	区域虚拟变量	AreaDUM	若企业注册地位于东部地区,则 AreaDUM=1,否 AreaDUM=0
	高技术产业虚拟变量	TechDUM	若企业来自高技术产业,则 TechDUM=1,否则 TechDUM=0

8.2.4 模型设定

为验证在不同融资约束情形下高管激励对企业研发投资的影响,分别以高管短期货币薪酬激励和长期股权激励为解释变量,以研发投入为被解释变量,构建模型(8－2)和模型(8－3)。

模型(8－2):

$$RD = \alpha_1 + \alpha_2 MPA + \alpha_3 SIZE + \alpha_4 ROE + \alpha_5 CR + \alpha_6 NPM + \alpha_7 AreaDUM + \alpha_8 TechDUM + \varepsilon_1 \quad (8-2)$$

模型(8－3):

$$RD = \beta_1 + \beta_2 MSH + \beta_3 SIZE + \beta_4 ROE + \beta_5 CR + \beta_6 NPM + \beta_7 AreaDUM + \beta_8 TechDUM + \varepsilon_2 \quad (8-3)$$

其中，$\alpha_1 \sim \alpha_8$，$\beta_1 \sim \beta_8$ 为系数，ε_1 和 ε_2 为随机误差。

8.3　实证研究分析

8.3.1　描述性统计分析

描述统计可以反映了变量的一些特点，基于此选择了 2010—2016 年持续经营的 403 家中小板上市科技型企业的 1687 个样本数据进行描述统计分析，如表 8-4 所示。

表 8-4　主要变量描述性统计

变量	N	极小值	极大值	均值	标准差
RD	1687	12.5136	22.0249	17.449570	1.1173868
MPA	1687	2.1114	7.5222	4.776153	0.6611080
MSH	1687	0.0000	0.9242	0.273162	0.2252711
SIZE	1687	15.5480	25.7051	20.077308	1.2463917
ROE	1687	−90.1000	55.1200	8.253648	9.9956358
CR	1687	0.3891	44.9727	2.868331	3.5148200
NPM	1687	−271.5945	99.3692	7.827388	13.7734458
AreaDUM	1687	0	1	0.72	0.448
TechDUM	1687	0	1	0.35	0.478
FCI	1687	−28.1234	101.8186	−0.292578	6.0490318

从各变量的描述性统计结果可知，403 家样本企业的 R&D 均值为 17.449570，极大值为 22.0249，极小值仅为 12.5136，表明中小科技型企业 R&D 投入强度较小，标准差为 1.1173868 表明各个企业间的差距较大；高管持股比例极小值约为 0，而高管报酬对数的极小值为 2.1114。这一数据反映了样本公司对高管的股权激励效果不显著，相比之下，高管激励方式更加倾向于高管货币薪酬激励；企业规模即资产的自然对数均值为 15.5480，中小科技型企业的规模较小，规模扩张仍是其目前发展方向；样本企业中企业规模的标准差为 1.

2463917，样本数据离散程度较大，说明样本公司在企业规模等方面存在较大的差异；融资约束指数均值为－0.292578，，表明中小科技型企业在发展过程中普遍存在融资约束状况，但约束的严重程度差异较大（标准差为6.0490318）；净资产收益率的均值达37.187266，说明中小科技型企业具有良好的盈利能力和成长能力，有良好的市场前景。

8.3.2 相关性分析

为了发现高管激励及各控制变量与研发投资的相关性水平，运用SPSS19.0统计分析软件对各变量进行相关性分析，如表8-5所示。

表8-5 变量间的Pearson相关系数

	RD	*MPA*	*MSH*	*SIZE*	*ROE*	*AreaDUM*	*TechDUM*	*CR*	*NPM*
RD	1								
MPA	0.41**	1							
MSH	–0.137**	–0.14**	1						
SIZE	0.408**	0.329**	–0.207**	1					
ROE	0.120**	0.143**	0.070**	–0.008	1				
AreaDUM	0.148**	0.212**	0.003	0.029	0.018	1			
TechDUM	0.067**	0.111**	–0.005	–0.130**	0.009	0.041	1		
CR	–0.144**	–0.070**	0.098**	–0.337**	0.094**	0.007	0.116**	1	
NPM	0.003	0.085**	0.067**	–0.120**	0.582**	–0.017	0.045	0.252**	1

注：*、**、分别表示在10%、5%水平上显著。

从表 8-5 统计结果可知，在 5%的显著水平下，高管货币薪酬激励与研发投入显著正相关，且相关系数为 0.410，而高管股权激励与研发投入在 5%的显著水平下显著负相关，相关系数为－0.137，相对于货币薪酬激励的系数较小，可以看出中小板企业多采用货币薪酬激励的方式来鼓励高管。假设 H_1 和 H_2 得到验证。

在 5%的显著水平下，控制变量企业规模、净资产收益率和研发投资显著正相关，说明盈利能力较强、实力雄厚的企业主要通过投入大量资金研发新产品获取市场收益。区域虚拟变量和高技术产业虚拟变量也在 5%的显著水平下与企业研发投资正相关，表明位置在东部地区和属于高科技产业的企业的研发投入力度更大。流动比率与研发投入在 5%的水平下显著负相关，说明企业偿债能力越强，研发投入越少即企业持有的流动资金多用来偿债而非创新。销售净利率与研发投入呈正相关但不显著，说明企业销售收入获取的能力与企业的研发投资行为并没有太大的关系。

8.3.3　回归分析

相关性分析只反映了两个变量之间的关系，而且没有控制其他变量对它们的作用。并且相关系数在表述两个变量之间的关系时才有效，若要准确分析变量之间的关系，就需要在控制其他变量不变的基础上进行严格的多元回归检验。为了进一步探究高管激励对企业研发投资行为的影响，进一步验证研究假设，对模型(8－2)和模型(8－3)进行了回归分析。并分别通过总样本、高融资约束样本、中融资约束样本、低融资约束样本代入模型，探究融资约束程度变化下高管激励对企业研发投入的影响变化。

(1)融资约束下高管货币薪酬激励对企业研发投资的影响

为了检验融资约束下高管货币薪酬激励及各控制变量与研发投入间的具体关系，对其进行回归分析，如表 8-6 所示。

表 8-6　模型(8—2)的回归结果

Variables	总样本	低融资约束	中融资约束	高融资约束
PA	0.453***	0.514***	0.496***	0.257***
	(11.553)	(8.418)	(7.422)	(3.189)
SIZE	0.282***	0.237***	0.251***	0.426***
	(13.249)	(6.283)	(6.472)	(10.075)
ROE	0.012***	0.012***	0.039***	0.001
	(4.175)	(2.766)	(4.798)	(0.170)
AreaDUM	0.191***	0.256***	−0.066	0.311***
	(3.583)	(2.956)	(−0.764)	(3.115)
TechDUM	0.185***	0.253***	0.226***	0.094
	(3.707)	(3.203)	(2.823)	(0.928)
CR	−0.009	−0.018**	0.012	0.292***
	(−1.277)	(−2.240)	(0.734)	(3.680)
NPM	−0.003	−0.006	−0.021*	0.002
	(−1.497)	(−1.401)	(−1.663)	(0.552)
常量	9.377***	9.949***	10.015***	6.858***
	(22.767)	(14.217)	(14.366)	(8.124)
Adjusted R^2	0.272	0.342	0.309	0.247

注：括号内为 t 值，***、**、* 分别表示在 1%、5%、10%水平上显著。

模型(8—2)是披露研发投入的 403 家中小板企业高管货币薪酬激励对研发投入影响的回归结果。表 8-6 报告了模型(8—2)的回归结果。通过对总样本这一列的结果分析可得，除去流动比率 CR 和销售净利率 NPM，全部通过了显著性检验。其中，模型拟合度 Adj−R2 等于 27.2%，说明模型拟合度很好。高管货币薪酬激励的估计系数为 0.453，t 值为 11.553，在 1%的水平下显著，说明高管货币薪酬激励对企业研发投资为正向促进效应。控制变量中的企业规模(SIZE)、净资产收益率(ROE)、区域虚拟变量(AREADUM)、行业虚拟变量(TECHDUM)均在 1%的显著性水平下通过了 t 检验，且估计系数都为正，可见这些因素都是企业技术创新的内部支撑，即规模大、盈利能力强、东部高科技的上市公司，其研发投入越多。而流动比率（CR）和销售净利率（NPM）的估计系数为负值，但均未通过显著性检验，说明虽然企业的资金周转率和销售能力对企业的研发投入产生消极影响，但该影响并不显著。因此，模型(8－2)的回归结果支持假设 H_1 的成立：高管货币薪酬激励对企业研发投资具有促进作用。

在融资约束指数构建完成后，将变量数值代入模型求出融资约束 FCI 的具体数值，该融资约束指数越大，则企业受到的融资约束越高。将总样本的融资约束数值按从大到小降序排列，将总样本前 33％的样本划入高融资约束样本，中间 33％的样本划入中融资约束组，后 33％的样本划入低融资约束样本，分别代入回归模型(8－2)检验。由以上回归结果（如表 8-6 所示）可看出，存在较低的融资约束时，高管货币薪酬激励的系数由 0.453 变为 0.514，说明当企业面临较小的融资压力时可以通过提高高管的货币薪酬来提高研发投资从而达到企业长期成长的目的。融资约束由低到高变化时，高管货币薪酬激励的系数由 0.514 变化为 0.496 再到 0.257，表明企业融资约束程度较低时，可以增加高管的货币薪酬激励，进而提高企业的研发投入。但随着企业融资约束水平的逐渐提高，企业获得的外部资金不断减少，到达一定程度时，企业将无法支付高额的融资成本而无法获得外部融资，进而影响高管的决策，造成对研发投资的影响降低。因此假设 H_3 成立：融资约束的存在，加强了高管货币薪酬对企业创新投入的影响，但随着融资约束的增强，影响程度在降低。

(2)融资约束下高管股权激励对企业研发投资的影响

为了检验融资约束下高管货币薪酬激励及各控制变量与研发投入间的具体关系，对其进行回归分析，如表 8-7 所示。

表 8-7　模型(8－3)的回归结果

Variables	总样本	低融资约束	中融资约束	高融资约束
MSH	－0.301***	0.006	－0.209	－0.803***
	(－2.738)	(0.037)	(－1.212)	(－3.601)
SIZE	0.355***	0.329***	0.374***	0.451***
	(16.844)	(8.298)	(10.181)	(11.378)

Variables	总样本	低融资约束	中融资约束	高融资约束
ROE	0.016*** (5.245)	0.016*** (3.467)	0.048*** (5.715)	0.002 (0.392)
AreaDUM	0.322*** (5.971)	0.414*** (4.615)	0.062 (0.695)	0.354*** (3.616)
TechDUM	0.271*** (5.292)	0.390*** (4.748)	0.331*** (4.014)	0.115 (1.148)
CR	−0.008 (−1.108)	−0.023*** (−2.634)	0.009 (0.564)	0.338*** (4.309)
NPM	−0.002 (−0.849)	−0.004 (−0.962)	−0.030** (−2.268)	0.002 (0.563)
常量	9.978*** (22.691)	10.393*** (13.295)	9.728*** (13.303)	7.622*** (8.822)
Adjusted R^2	0.217	0.257	0.242	0.251

注：括号内为 t 值，***、**、* 分别表示在 1%、5%、10%水平上显著。

模型(8—3)是实施股权激励的 403 家公司高管持股比例对研发投入影响的回归结果，表 8-7 报告了模型(8—3)的回归结果。通过对总样本这一列的结果分析可得，除去流动比率 CR 和销售净利率 NPM，全部通过了显著性检验。其中，模型拟合度 Adj—R2 等于 21.7%，说明模型拟合度很好。高管股权激励的估计系数为—0.301，t 值为—0.301，在 1%的水平下显著，说明高管货币薪酬激励对企业研发投资为负向抑制效应。控制变量中的企业规模(SIZE)、净资产收益率(ROE)、区域虚拟变量(AREADUM)、行业虚拟变量(TECHDUM)均在 1%的显著性水平下通过了 t 检验，且估计系数都为正，可见这些因素都是企业技术创新的内部支撑，即规模大、盈利能力强、东部高科技的上市公司，其研发投入越多。而流动比率(CR)和销售净利率(NPM)的估计系数为负值，但均未通过显著性检验，说明虽然企业的资金周转率和销售能力对企业的研发投入产生消极影响，但该影响并不显著。因此，模型(8—3)的回归结果支持假设 H_2 的成立：中小板企业高管股权激励对企业研发投资具有抑制作用。而且系数较小说明了由于我国资本主义市场发展不完善，所以相对于股权激励，中小板企业更倾向于直接用货币薪酬激励而且效果比较乐观。

在融资约束指数构建完成后，将变量数值代入模型求出融资约束 FCI 的具体数值，该融资约束指数越大，则企业受到的融资约束越高。将总样本的融资约束数值按从大到小降序排列，将总样本前 33%的样本划入高融资约束样本，中间 33%的样本划入中融资约束组，后 33%的样本划入低融资约束样本，分别代入回归模型(8－3)检验。由以上回归结果(如表 8-7 所示)可看出，存在较低的融资约束时，高管股权激励的系数由－0.301 变为 0.006，股权激励由负向抑制作用变为正向激励作用。说明当企业面临较小的融资压力时可以通过提高高管的股权激励来提高研发投资从而达到企业长期成长的目的。融资约束由低到高变化时，高管股权激励的系数由 0.006 变化为－0.209 再到－0.803，说明企业受到的融资约束程度较低时，可以通过提高高管股权激励，进而提高企业的研发投资以获得长期成长，但随着企业所受融资约束程度的提高，股权激励对企业研发投资的影响再次由正向促进作用变为负向抑制作用，而且抑制作用越来越强。企业能够获得的外部资金不断减少，当融资约束达到一定水平时，企业将因为无力承担高昂的融资成本等原因而无法获得外部融资，进而影响高管的决策，造成对研发投资的影响降低。因此假设 H_4 成立：融资约束程度越高，高管股权激励对企业研发投资的抑制效果越明显。

以上八个模型回归后的 R 方分别为 0.272、0.342、0.309、0.247、0.217、0.257、0.242、0.251。R 方是一个判定系数，反映总体回归方程对线性关系的拟合程度。本书的 R 方均在 20%到 40%之间，所以实证回归结果具有较强的统计意义和经济意义。

8.3.4 稳健性检验

为了保证结论的稳健性，本书运用缩小样本空间和替换被解释变量的方法做了稳健性检验，即将样本进行细分，只选择一年的样本数据进行回归分析；将被解释变量换为研发投入占营业收入的比重。稳健性测试结果如表 8-8 所示。

表 8-8　稳健性检验

	细分样本			替换被解释变量		
	B	T 值	Sig.	B	T 值	Sig.
（常量）	13.045	9.320	0.000	8.946	6.985	0.000
MPA	0.415	4.054	0.000	1.022	8.643	0.000
MSH	−0.648	−2.373	0.018	−0.416	−1.301	0.103
SIZE	0.101	1.432	0.153	−0.509	−7.861	0.000
ROE	0.012	1.438	0.152	−0.032	−3.663	0.000
AreaDUM	0.138	0.963	0.336	−0.061	−0.383	0.702
TechDUM	0.201	1.497	0.136	1.455	9.675	0.000
CR	−0.022	−1.494	0.136	0.037	1.693	0.091
NPM	0.002	0.226	0.822	0.009	1.455	0.146

由表 8-8 所示，用以上两种方法进行系数显著性检验之后，主要研究变量系数估计的显著性并没有发生太大的变化，即高管货币薪酬与企业研发投资行为还是显著正相关的，高管股权激励与企业研发投资行为还是显著负相关的。稳健性检验结果与上文结果一致，进一步验证了假设 H_1 和 H_2。

8.4　结论与政策建议

8.4.1　主要结论

通过理论分析和实证检验，探明了高管激励对研发投资的影响机理和不同融资约束水平下高管激励对企业研发投资行为的变化，结果发现中小板企业高管货币薪酬激励与企业研发投资行为显著正相关，而股权激励对企业研发投资具有负向影响。而且检验了在不同融资约束水平下高管激励对企业 R&D 行为的影响。实证结果发现适度融资约束的存在，加强了高管货币薪酬对企业研发的影响，但随着融资约束的增强，其影响程度在降低。并且融资约束程度越高，高管股权激励对企业研发投资的抑制效果越明显。最后针对以上研究提出了一定的政策建议，对于中小科技型企业来说，应该在高管激励方面进行改革，不断增加高管激励的方式，使管理层和持有者的利益联系起来，进一步促进企业的长期成长。得出了以下研究结论：

(1)我国中小板上市公司高管货币薪酬与企业 R&D 之间存在显著的正相关关系，货币薪酬激励机制可以提高管理者对企业研发创新的积极性，有利于企业的长远发展。

(2)“管理层防御假说”指出公司高管具有较强实力去面对较小的资金压力时，会根据薪资水平来进行决策从而达到收益更高。实证结果研究发现，在中低融资约束水平下，高管货币薪酬确实对企业研发投入的影响程度增强。说明在融资约束较高的情况下，公司应给予高管更多的货币薪酬激励，鼓励其努力改善这种融资约束情况，促进企业的长远发展。

(3)根据理论基础分析和学者以往的研究，高管的股权激励对企业研发投资的促进作用是正向的。但这种激励作用并非稳定不变，只有当股权激励处于一定范围，激励作用才有用。由于我国中小板企业主要是股东持股所以高管持股比例较小。当高管持股比例较低时高管更加关注企业的短期成长而并非长期成长。

(4)由于我国资本主义市场发展尚不完善，所以与股权激励相比，中小板企业更青睐直接采用货币薪酬激励，而且效果更可观。

(5)我国企业的技术水平不同，中小科技型企业研发投入资金和研发人员所占比例差别很大。我国中小科技型企业普遍存在融资约束问题，企业对内源性融资的依赖依然严重，而这在很大程度上限制了企业的发展。

8.4.2 政策建议

我国企业当前研发投资仍处于初步发展阶段，企业只有不断自主创新才能不被淘汰。股东和经理人之间存在的委托代理问题尚待解决，本书通过分析，给出以下建议：

(1)在融资约束普遍存在的环境中，中小科技型企业应加强对高管的货币薪酬激励水平，实施更加高效的高管货币薪酬激励机制，将高管的自身利益与企业发展前景紧密挂钩以此提高中小科技型企业研发投入水平，增强企业的创新能力。

(2)完善我国资本主义市场机制,强制企业进行信息披露以使信息不对称性减弱,缓解融资约束问题,为中小科技型企业的成长创造一个良好的环境。

(3)与国外公司相比,我国中小上市公司高管持股比例较低,甚至还有零持股的现象。通过实证研究发现我国中小板企业高管持股对企业的研发投资行为并不存在促进作用反而出现负相关的现象。这进一步说明了我国中小科技型企业上市公司的高管激励体系结构单一,以短期货币薪酬激励为主,大部分没有实施高管股权激励机制。所以中小科技型企业应该在这方面进行改革,健全企业高管激励制度,制定更多有效的高管激励制度,如控制权激励、政治晋升激励在职消费激励等方式。

参考文献

[1]闫华飞,孙元媛.双元创业学习、创业拼凑与新企业成长绩效的关系研究[J].管理学刊,2019(03):41-51.

[2]霍江林.不同融资约束情景下政府补助与企业成长——基于政府补助相关性分类的视角[J].技术经济,2020,39(10):92-98.

[3] Alex Coad, Rekha Rao. Innovation and Firm Growth in High-tech sectors: A Quantile Regression approach[J]. Research Policy, 2008, (7): 633-648.

[4]潘锡泉.科技型小微企业成长的"困"与"解":金融科技视角[J].当代经济管理,2019(09):87-91.

[5]霍江林.创业板高新技术上市公司成长绩效评价[J].统计与决策,2020,36(17):185-188.

[6]裴旭东,黄聿舟,李随成.资源识取与新创企业成长的动态匹配机制研究[J].科研管理,2018,39(08):169-176.

[7] Winslow E. Entrepreneurs Person Values, Compensation and High Growth Firm Performance[J]. Journal of Small Business Management,2013,51(1):21-26.

[8]戴浩,柳剑平.政府补助对科技中小型企业成长的影响机理——技术创新投入的中介作用与市场环境的调节作用[J].科技进步与对策,2018,35(23):137-145.

[9]刘曜,于胜道.企业成长:定义及测度[J].软科学,2011, 25(2):141-144.

[10]张玉明,段升森.中小企业成长能力评价体系研究[J].科研管理,2012(7):98-105.

[11]彭中文,张双杰,韩茹.高管团队特征、创新机会识别与高科技企业成长[J].华东经济管理,2018,32(09):173-177.

[12]吴丹.高技术企业成长绩效评价体系研究[J].工业技术经济,2015(2):15-26.

[13]汪海粟,方中秀.中国民营企业快速成长的经验研究——以深圳创业板公司为例[J].中国工业经济,2010(9):131-140.

[14]杜传忠,郭树龙.经济转轨期中国企业成长的影响因素及其机理分析[J].中国工业经济,2012(11):97-109.

[15]刘照德,詹秋泉,田国梁.因子分析综合评价研究综述[J].统计与决策,2019,35(19):68-73.

[16]Yazdanfar Darush, Lee Junghyun, Winslow Erik. Entrepreneurs Person Values, Compensation, and High Growth Firm Performance. Journal of Small Business Management,2013,51(1)

[17]张信东,薛艳梅.R&D支出与公司成长性之关系及阶段特征——基于分位数回归技术的实证研究[J].科学学与科学技术管理,2010,31(06):28-33.

[18]张积林.上市公司R&D投入与其成长的相关性研究[J].技术经济与管理研究,2013(10):29-33.

[19]冒乔玲,许敏.技术创新驱动企业成长的绩效分析——基于创新型上市公司的实证研究[J].企业经济,2012,31(04):17-23.

[20]张玄,冉光和,郑强.金融集聚、研发投入与民营企业成长——基于制造业上市民营企业数据[J].预测,2016,35(01):49-54.

[21]周煊,程立茹,王皓.技术创新水平越高企业财务绩效越好吗?——基于16年中国制药上市公司专利申请数据的实证研究[J].金融研究,2012(08):166-179.

[22]周艳,曾静.企业R&D投入与企业价值相关关系实证研究——基于沪深两市上市公司的数据挖掘[J].科学学与科学技术管理,2011,32(01):146-151.

[23]Alex Coad and Rekhta Rao. Firm growth and R&D expenditure [J]. Economics of Innovation and New Technology, 2010, 19(2): 127-145.

[24]池仁勇，蔡曜宇，张化尧. 不同技术创新投入结构下的企业成长性分析——以浙江省高新技术企业为例[J]. 科技进步与对策，2012，29(10)：70-74.

[25]黄新建，黄能丽，李晓辉. 高管特征对提升企业 R&D 投资效率的影响[J]. 重庆大学学报(社会科学版)，2014，20(03)：61-69.

[26]翟淑萍，毕晓方. 高管持股、政府资助与高新技术企业研发投资——兼议股权结构的治理效应[J]. 科学学研究，2016，34(09)：1371-1380.

[27]梁彤缨，雷鹏，陈修德. 管理层激励对企业研发效率的影响研究——来自中国工业上市公司的经验证据[J]. 管理评论，2015，27(05)：145-156.

[28]陈晓红，李喜华，曹裕. 技术创新对中小企业成长的影响——基于我国中小企业板上市公司的实证分析[J]. 科学学与科学技术管理，2009，30(04)：91-98.

[29]刘伟，刘星. 高管持股对企业 R&D 支出的影响研究——来自 2002-2004 年 A 股上市公司的经验证据[J]. 科学学与科学技术管理，2007(10)：172-175.

[30]徐龙炳，李科. 融资约束、债务能力与公司业绩[J]. 经济研究，2011(05)：61-73

[31]马红；王元月. 融资约束、政府补贴和公司成长性——基于我国战略性新兴产业的实证研究. 中国管理科学，2015(5)：636-642

[32]李洁，张天顶，黄璟. 融资约束与中国制造业企业成长动态[J]. 产业经济研究，2016(02)：62-73

[33]陈前前，张玉明，连慧颖. 会计稳健性、融资约束与中小上市公司成长的实证研究[J]. 东岳论丛，2015(12)：19-125

[34]Brown J R，Martinsson G，Petersen B C. Do financing constraints matter for R&D[J]. European Economic Review，2012，56(8)：1512-1529

[35]吴莉昀. 政府补助与中小企业融资约束——异质性作用结果与机制研究[J]. 商业研究，2019(8)：14－24.

[36]霍江林，刘素荣. 融资约束下企业特质与政府补助获取研究[J]. 科技与管理，2017，19(6)：93－99.

[37]Fazzari S M，Hubbard R G. Financing Constraints and Corporate In-

vestment [J]. Brookings Papers on Economic Activity, 1988(1):141－206.

[38]Allayannis G, Mozumdar A. The impact of negative cash flow and influential observations on investment - cash flow sensitivity estimates [J]. Journal of Banking & Finance, 2004, 28(5):901－930.

[39]郑毅,徐佳.融资约束、信息披露与R&D投资[J].经济与管理,2018,32(1):46－53.

[40]刘素荣,刘玉洁.融资约束对企业成长的影响——基于创业板科技型企业数据[J].工业技术经济,2015,34(4):13－19.

[41]李洁,张天顶,黄璟.融资约束与中国制造业企业成长动态[J].产业经济研究,2016(2):62－73.

[42]雷鹏,梁彤缨,陈修德,等.融资约束视角下政府补助对企业研发效率的影响研究[J].软科学,2015,29(3):38－42.

[43]戴浩,柳剑平.政府补助、技术创新投入与科技型中小企业成长[J].湖北大学学报(哲学社会科学版),2018,45(6):138－145.

[44]刘素荣.融资约束下政府补贴对中小企业研发的激励效应——基于政府补贴相关性分类计量的视角[J].技术经济,2018,37(1):18－25.

[45]王文华,夏丹丹,朱佳翔.政府补贴缓解研发融资约束效应实证研究——来自高新技术上市公司的经验证据[J].科技进步与对策,2014,31(8):22－26.

[46]欧定余,魏聪.融资约束、政府补贴与研发制造企业的生存风险[J].经济科学,2016(6):63－74.

[47]杨筠,宁向东.政治关联、政府补贴与企业创新绩效[J].技术经济,2018,37(5):31－37.

[48]马红,王元月.融资约束、政府补贴和公司成长性——基于我国战略性新兴产业的实证研究[J].中国管理科学,2015,23(S1):630－636.

[49]廖中举.利益相关压力、环境创新与企业的成长研究[J].科学学与科学技术管理,2016,37(07):34－41.

[50]王永进,盛丹,李坤望.中国企业成长中的规模分布——基于大企业的研究[J].中国社会科学,2017(03):26－47.

[51]徐尚昆，郑辛迎，杨汝岱. 国有企业工作经历、企业家才能与企业成长[J]. 中国工业经济，2020(01)：155-173

[52]Hambrick，D. C.，P. A. Mason，Upper Echelons：The Organization as a Reflection of It Tops Managers [J]，Academy of Management Review，1984(05)：76-82

[53]彭中文，张双杰，韩茹. 高管团队特征、创新机会识别与高科技企业成长[J]. 华东经济管理，2018(09)：173-177

[54]Ciamarra E. S，Monitoring By Affiliated Bankers on Board of Directors：Evidence from Corporate Financing Outcomes [J]. Financial Management，2012，41(3)：665-712

[55]翟胜宝，易旱琴，郑洁，唐玮，曹学勤. 银企关系与企业投资效率——基于我国民营上市企业的经验证据[J]. 会计研究，2014(04)：74-80

[56]周雪峰，左静静. 金融关联与内部控制对企业创新投资的影响：互补抑或替代？[J]. 财经论丛，2019(02)：37-46

[57]成力为，李翘楚. 政治关联、研发投资与企业成长[J]. 大连理工大学学报(社会科学版)，2017，38(04)：9-18

[58]赵阳，吴一平，杨国超. 体制内关系、创业规模与新创企业成长[J]. 财经研究，2020，46(07)：79-92

[59]Sandra Poncet，Walter Steingress，Hylke Vandenbussche. Financial constraints in China：Firm-level evidence[J]. China Economic Review，2010(3)：411-422

[60]刘素荣，韩莹，张子涵. 融资约束中介下上市公司金融关联与研发投资——基于人员与股权对比视角[J]. 工业技术经济，2019，38(10)：128-136

[61]王凤荣，郑文风，李亚飞. 政治关联、金融关联与民营企业债务融资——基于并购视角的实证分析[J]. 山东社会科学，2020(01)：104-113

[62]李卓松. 企业风险承担、高管金融背景与债券融资成本[J]. 金融评论，2018，10(02)：73-84+125

[63]张悦玫，张芳，李延喜. 会计稳健性、融资约束与投资效率[J]. 会计研究，2017(09)：35-40

[64] Alex Coad, Rekha Rao. Innovation and Firm Growth in High-tech sectors: A Quantile Regression approach[J]. Research Policy, 2008, (7): 633-648.

[65]周泽将,李艳萍,胡琴.海归高管与企业创新投入:高管持股的调节作用——基于创业板企业的实证研究[J].北京社会科学,2014(03):41-51.

[66]徐宁.高科技公司高管股权激励对R&D投入的促进效应——一个非线性视角的实证研究[J].科学学与科学技术管理,2013,34(02):12-19.

[67]朱少英,徐渝,何正文.企业技术创新的关键在于企业与科技人员互动[J].科学管理研究,2003(01):19-22.

[68] Fazzari, S. M., R. G. Hubbard&B. C. Peterson. Financial Constraints and Corporate Investment[J]. Brooking Papers on Economic Activity, 1988(1):141-195.

[69]邓可斌,曾海舰.中国企业的融资约束:特征现象与成因检验[J].经济研究.2014,(2):47-60.

[70] Akerlof,George A,The Market for"Lemons": Quality Uncertainty and the Market Mechanism [J]. Quarterly Journal of Economies,1970,84(3): 488-500

[71]Stewart C. Myers,Nicholas S. Majluf,Corporate financing and investment decisions when firms have information that investors do not have [J]. Journal of Financial Economics,Volume 13,Issue 2, June 1984: 187-221